追寻教育的真谛

许锡良教育思考录

许锡良 ⊙ 著

西南师范大学出版社

全国百佳图书出版单位 国家一级出版社

图书在版编目（CIP）数据

追寻教育的真谛——许锡良教育思考录/许锡良
著．—重庆：西南师范大学出版社，2010.10
（名师工程系列丛书）
ISBN 978-7-5621-5066-4

Ⅰ．①追…　Ⅱ．①许…　Ⅲ．①教育学－研究
Ⅳ．①G40

中国版本图书馆 CIP 数据核字（2010）第 187048 号

名师工程系列丛书

编委会主任：马　立　宋乃庆
总策划：周安平
策　划：李远毅　卢　旭　郑持军　郭德军

追寻教育的真谛——许锡良教育思考录

许锡良　著

责任编辑：张浩宇　雷利军
封面设计：大象设计
出版发行：西南师范大学出版社
　　　　　　地址：重庆市北碚区天生路 1 号
　　　　　　邮编：400715　市场营销部电话：023-68868624
　　　　　　http://www.xscbs.com

经　　销：新华书店
印　　刷：重庆五环印务有限公司
开　　本：787mm×1092mm　1/16
印　　张：16.5
字　　数：196 千字
版　　次：2010 年 10 月　第 1 版
印　　次：2013 年 2 月　第 2 次印刷
书　　号：ISBN 978-7-5621-5066-4

定　　价：30.00 元

编者的话

当前，以人为本的教育理念正在逐步深化，素质教育以及基础教育课程改革不断推进。在这场深刻又艰苦的教育改革中，涌现了无数甘为人梯、乐于奉献的优秀教师。他们积极探索、更新观念、敢于创新、善于改革，在实践中创造性地发展、总结了很多先进的教育思想、教育理念；创造性地开发了很多新的教学模式、教学内容和教学方法。这些新思想、新模式、新方法在实践中极大地提高了教学质量，是教育改革实践中的新内涵和宝贵财富。这些优秀教师就是我们的名师，这些新内涵就是名师的核心教育力。整理、总结、发展、推广这些教育新内涵，是深化教育改革、完善教育体制、提高教育质量、提升教师水平的一件大事。

教育，是民族振兴的基石；教师，是教育发展的根基。

胡锦涛总书记在全国优秀教师代表座谈会上指出："教师是人类文明的传承者。推动教育事业又好又快发展，培养高素质人才，教师是关键。没有高水平的教师队伍，就没有高质量的教育。"十七大报告又进一步强调了必须加强教师队伍建设，不断提高教师的素质。当今世界，社会进步一日千里，科技发展日新月异，知识更新的周期越来越短。教师作为"文明的传承者"更要与时俱进，刻苦钻研、奋发进取，尽快提升自身素质和能力，为推动教育事业的健康发展贡献自己的力量。

基于以上，西南师范大学出版社策划、组织出版了大型系列教育丛书——《名师工程》。希望通过总结名师的创新经验、先进理念，宣传名师的核心教育力，为广大教师职业生涯提供精神源泉和实践动力，在教育实践层面切实推动从教者职业素养的提升。通过《名师工程》实现"打造名师的工程"。

丛书在策划、创作过程中力求实现以下特色：

一、理念创新，体现教育的人本精神

教师角色在以人为本的教育理念下发生了重大的变化，教师的素质和能力也面临更高的要求。如何弘扬、培植学生的主体性、增强学生的主体意识、发展学生的主体能力、塑造学生的主体人格等问题成为教师在目前教育中亟待解决的难题。丛书以教育管理者和教师为主要读者对象，通过教师综合素质的提高而将人本教育的思想落实到教育实践中，真正实现教育培养人、塑造人、发展人的本质要求。

二、全面构建，系统提升教师的教育能力

丛书选题的最大特点就是系统、全面地针对教师教育能力的提升而展开。施教者的能力决定教育的效果，教育改革的落实、教育效果的提高无不体现在教师身上。丛书针对不同教育能力、不同教学要求、不同教育对象，有针对性地设置选题。棘手学生、课堂切入、引导艺术、班主任的教导力、互动艺术、课堂效率、心灵教育等等，这些鲜明的主题从教育的细节出发，从教育实际情况出发，有针对性地解决问题，让教师在阅读中学有所指、读有所获。

三、科学权威，体现教育的时代前沿性

丛书邀请全国各地著名的教育工作者执笔，汇集在教育改革与实践中涌现的先进理念、成果和方法，经过专家认真遴选、评点总结而成，代表了目前教育实践中先进的教育生产力，具有时代前沿性，是广大一线教师学习、借鉴的好素材。

四、注重实践，突出施教的实用价值

丛书采用了通俗的创作方法，把死板的道理鲜活化，把教条的写法改变为以案例为主，分析、评点为辅，把最先进的教育理念和方法融入有趣的情境中。经典的案例，情境式的叙述，流畅的语言，充满感情的评述，发人深省的剖析，娓娓道来、深入浅出，让教师更充分地领会先进、有效的教育方法。

在诸多教育、出版界同仁的支持与努力下，《名师工程》陆续推出了《名师讲述系列》《教学提升系列》《教学新突破系列》《高中新课程系列》《教师成长系列》《大师讲坛系列》《教育细节系列》《创新语文教学系列》《教育管理力系列》《教师修炼系列》《创新数学教学系列》《教育通识系列》《教育心理系列》《创新课堂系列》《思想者系列》《名师名课系列》等系列，共90余个品种，后续图书也将陆续出版。

丛书在出版创作过程中得到各地、各级教育部门与教育工作者的大力支持与帮助，在此一并表示感谢！

教育事业是全社会共同的事业，本丛书的出版一方面希望能对广大教育工作者有所帮助，共缮先进成果；另一方面也是抛砖引玉，希望更多的教育工作者参与到出版创作中来，百家争鸣、百花齐放，为促进教育事业的发展共同努力！

自　　序

　　一个人的命运常常与他所处的时代密切相关。作为一名一线教师与教育研究工作者，也是这个时代教育的一名思考者、研究者与参与者，也可以说是这个时代的历史见证人与实践推动者。这本教育思考文集正是本人在这个时代的一点声音、一点足迹。

　　我常常困惑于一个社会的教育为什么是这样，而不是那样，为什么在不同的国家、民族与社会，会表现出有差异的，甚至截然不同的教育形态，产生不同的教育效果。追问的结果是教育问题实乃历史、文化、制度，特别是价值观念的产物。因此，对教育问题的追问，需要将视野扩充到历史的长河与世界的范围。一个国家有什么样的核心价值观念，就会创建并形成什么样的制度，同时，也会相应地形成什么样的教育。制度不同，文化不同，核心价值观念不同，教育也就不同。这是我长期以来不把教育问题的研究仅仅局限于教育内部，特别是学校内部狭小的圈子里的重要原因。虽然我不知道教育的真谛是什么，但是，我明白一点，教育的真谛不在教育本身，而在社会视野范围内，而且只有进行比较才能够说得清不同教育之间的差异与优劣。

　　当今世界的教育，无非主要有两大基本形态，就价值观而言，一种是以人为本的教育基本形态，另一种是以权为本的教育基本形态。教育如果是建立在以人为本的价值观念上，那么教育制度的设置、教育经费的投入、教育设施的安排与教育评价的标准，都是服务于学生的身心健康与教师的教育工作的。而教育如果是建立在以权为本的价值观念上，那么，无论学校、学生、教师，都只是作为权力的工具而存在，为权力的扩张与政绩工程而服务。在教育问题上，世界的潮流是以人为本，教育的战略方向只有回到这一点才是回到了正道。具体的形态自然可以不同，但是，有一点是肯定的，就是教育的真谛就存在于具体的个人身上，所有的教育只有以人为本，转化成为人的生命幸福而教育的时候，这种教育才是真正有效的、人性的，才是造福于人类的。一切违背了这个方向的教育，其实都是伪教育，甚至可以说是反教育。教育不能够没有经费投入，但是仅仅投入是堆不出一个世界一流的教育来的。相反，如果教育价值定位出了问题，那么教育经费投入越大，教育越受人重视，产生的负面效应就会越大。因此，人们还必须用心思去研究与发现，去在全世界范围内学会借鉴，学会创造。

人类学是一切教育形态的基础学问，一切真正的教育都是建立在对人类学的哲学追问上的。因此，真正的教育家，自然也必然是哲学家。没有对人性的追问，没有将人类的一切优秀文明成果都纳入自己视野范围进而加以借鉴的勇气，是不可能成为世界教育强国的。因此，在思考教育问题时，我尽力避免谈"有中国特色的教育"。在教育问题上，特别是核心教育价值观念上，曾经流行过一个说法："越是民族的，就越是世界的。"这可能是一个误区。相反，我认为越是世界的，就越是富有生命力的。因为，我坚信一点，这个世界可以是万千世界，但就人类来说，无论是哪个民族与种族，人性是可以相通的。人性不但在不同的民族与种族中相通，而且在人类的历史长河中也是相通的。这就是以人为本的人性化社会与普世价值的基础。这在目前既是世界潮流，也是中国发展的大政方针，还是中国发展的前途所在。

从"中国特色的教育"跨越到充分世界化的教育，这不是一蹴而就的。必须认真研究阻碍我们前进的障碍究竟在哪里，因此，世界视野还必须落实到本土行动上来。这也是我在研究教育问题的时候，一只眼看世界，一只眼盯着脚下的这块土地的缘由。研究世界与研究民族文化特色，成为我思考教育问题的两个着眼点。几年来，我有一个深切的体会，就是中国的教育还得从最基础的东西入手，以人为本，重新思考，重新评估教育的一切问题。从西方来说要从苏格拉底、柏拉图、亚里士多德开始，从《圣经》对西方文明的影响开始；从中国来说要从春秋战国时期的孔孟老庄开始。从价值观到制度设想，再到思维方式与著述方式都要有一个全面的梳理。以这样的态度来看待教育问题，就可以发现，教育研究其实没有什么专业，教育只有一个个的具体问题。世界上一切伟大的教育家，都不是分专业研究诞生的。他们都首先是哲学家、思想家，是真正的性情中人。另外，世界视野与民族情怀，让我常常喜欢从身边真实发生过的日常生活小事入手去观察其中蕴含的宏大信息。中国文化就是中国人，而我作为这个时代的一个中国人，从挖掘自己所受的教育、所体验的生活、所遇到的难题开始，这也许是研究中国教育问题的一个捷径。同时，由于个人具体生活与视野的局限性，思考过程及所作的判断也就难免出现错误。教育在这里既是联系个人与社会的桥梁与纽带，也是联系社会历史长河的桥梁与纽带。一个具体的人，既是一切社会关系的总和，同时还是特定历史文化的总汇。中国文化就是中国人，只有当中国人真正活得幸福的时候，才是真正弘扬中华文化的时候。

教育的充分世界化，就是要让中国的教育能够融入世界，与世界接轨，不能够关起门来自搞一套。中国的学历文化与学术技术标准，目前还难以与世界相通。比如，国内的教师资格在走出国门后得不到承认，医师资格在走出国门后也得不到承认。这并不完全是由于偏见，而是因为中国的教育，从教育制度、学术研究与培养方式都与国际通行的标准存在着巨大的差距。

互联网是上帝送给人类最好的学习礼物与教育礼物，互联网已成为碾平世界的最大力量。互联网的到来也给中国人的生活、工作、生存方式，以及对教育、思想、智慧都提出了严峻的挑战，同时也提供了前所未有的机遇，即为中国缩小与世界一流国家的差距提供了极好的平台。互联网的出现，全球化的到来，为中国充分世界化提供了很好的条件。在这样的时代，变，是唯一不变的东西。保守、复古，企图回到从前，那既是不现实的，也是行不通的。唯有面向世界，解放思想，开放社会，努力学习，敢于创新，才是前途所在。同时，中国的充分世界化，并不会影响中国人作为炎黄子孙的价值，真正优秀的传统是蕴藏在日常生活中的，而不是埋在故纸堆里。社会开放的过程中，真正优秀的文化基因一定会保存下来，同时获得新的基因，进而使一个古老的民族不断焕发出新的生命活力。

从变革社会的机遇来看，每一个生活在当下的中国人，都是生逢其时。为了民族的振兴，为了子孙万代的幸福，每一个中国人都是责无旁贷的。如果我们这一代人不努力做点事情，还企图社会能够健康的发展，那是一种奢望。在这个过程中，每个人的力量都是不可忽略的。每个人都是一个社会，每个人都是一种体制，每个人的力量都在作用于这个社会；也唯有每个人的觉醒自主，才会汇聚成变革社会的真正力量。社会的变革从来不会是一蹴而就的，不同思想观点、不同力量之间的不断博弈、碰撞，是一个漫长的过程，而人生的意义就在于这种做有意义的事情的过程之中。

这本书，收集了我最近几年来对中国教育问题的思考，特别是进入互联网时代后，我开通博客后的一些思考。博客的出现让我改变了思考方式与表达方式。在长达近五年的时间里，几乎每天我都会发表一篇自己的思想学习心得。我力求不放过任何一个灵光闪现的想法，但是，能够有效抓住的，总是其中少数的一点而已。即使这样，也在短短的数年时间里积累了一个十分庞大的思想系列，而且如果不出意外的话，这个工作还将继续进行下去。我已经将自己的阅读、思考、交流、对话与教育研究工作和教学工作有机地用互联网博客统一在一起了，同时也把我的教学工作、日常生活、交友娱乐、学术研讨、演讲、写作很好地结合起来了。几年来，我发现没有比阅读、写作、教学、交流探讨更好的娱乐活动了。这也是我作为一个大学教师所梦寐以求的境界。这样的生活与工作方式，让我度过了个人家庭所遭受的种种不幸，也真切地体验到：一个人内心强大，才是真正的强大。

需要说明的是，由于时间跨度大，书中提及的一些教育问题已经得到政府部门的高度重视，有的甚至已经得到初步解决。这说明对中国教育的发展方向，从政府到民间，共识越来越多，希望也越来越大。我相信中国教育问题得到有效解决之日，就是我这本书死亡之时，而那时正是我作为一个教育研究者与一名普通教师最为幸福的时刻。

感谢西南师范大学出版社的同仁，他们为此书付出了辛劳与智慧。感谢在我最困难的时候及时伸出温暖援手的信力建先生、刘良华先生、迟毓凯先生、肖川先生、张文质先生、林少敏先生、陈婉贞女士、刘铁芳先生、扈永进先生、凌宗伟先生、陈正翏先生、田国宝先生，以及我的同事肖建彬先生、王小棉女士、王蕙女士、邝红军先生。感谢凤凰网的同仁为我提供的思想平台，使得我的一点浅薄的思考，能够在书还没有面世之前便已经产生了较大的社会反响。也感谢那些一直在默默关注、理解与支持我工作的来自社会各界的朋友。没有他们的帮助，我将一事无成。

许锡良

2010 年 9 月 25 日于广州蜗居

目 录

第一编

追寻人性化的教育思想

人只不过是一根苇草，是自然界最脆弱的东西；但他是一根能思想的苇草。用不着整个宇宙都拿起武器来才能毁灭他；一口气、一滴水就足以致他死命了。然而，纵使宇宙毁灭了他，人却仍然要比致他于死命的东西更高贵得多，因为他知道自己要死亡，以及宇宙对他所具有的优势，而宇宙对此却是一无所知。

——〔法〕帕斯卡尔《思想录》

第二编

寻找完善的教育制度

正义是社会制度的首要价值,正像真理是思想体系的首要价值一样。一种理论,无论它多么精致和简洁,只要它不真实,就必须加以拒绝或修正;同样,某些法律与制度,不管它们如何有效率和有条理,只要它们不正义,就必须加以改造或废除。

——〔美国〕罗尔斯《正义论》

今日问题来自昨日的解决方案

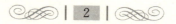

第三编

守望现实教育的良知

我知道，潮汐有升有落，也知道，幸福不能永远停留。
可是当它满满呈现在面前的时候，我唯一该做的事，就是
安静地坐下来，观察它，享受它和感激它。生命的用途并
不在长短而在于我们将会怎样利用它。许多人活的日子并
不多，却活了很长久。

——〔法国〕蒙田《随笔》

第四编

守望学术研究的良知

知识,只有当它靠积极的思维得来而不是凭记忆得来的时候,才是真正的知识。

——〔俄〕托尔斯泰

第一编

追寻人性化的教育思想

　　人只不过是一根苇草，是自然界最脆弱的东西；但他是一根能思想的苇草。用不着整个宇宙都拿起武器来才能毁灭他；一口气、一滴水就足以致他死命了。然而，纵使宇宙毁灭了他，人却仍然要比致他于死命的东西更高贵得多，因为他知道自己要死亡，以及宇宙对他所具有的优势，而宇宙对此却是一无所知。

　　　　　　　　——〔法〕帕斯卡尔《思想录》

思 想观念要先行

人类社会不同于自然物质世界的重要标志之一，就是人类社会实际上是由人构成的，而人的意义在于人是有思想观念的人，而不仅仅是物质意义上的人，甚至也不是社会实践意义上的人。因为人的制造物取决于人的思想观念，人的行动也取决于人的思想观念。历史唯物论说，人所有的思想观念都来自于社会实践，社会存在决定了社会意识，再由社会意识决定个人的意识。关于社会存在与社会意识之间的关系，讨论追问下去，就会回到"鸡生蛋，还是蛋生鸡"这个千年难题。你只得一层一层地往下追问，直到把苏格拉底、柏拉图、亚里斯多德、孔子、耶稣、释迦牟尼、穆罕默德这些人都追问出来，但是你仍然无法说清他们的思想为什么早在那么多年前就是这个样子，而不是别的样子。我们不得不敬重一些思想先驱的杰出代表，因为无论怎样，后来的人总是摆脱不了他们的思想观念，并且仍然按照他们的思想观念在活着。

当一个民族产生了一种文化，产生了一种思想价值观念时，她的人民就会世世代代地按照这种思想存活着，几千年如一日，虽然有一些变化，但是骨子里的东西是很难改变的。而当一个民族接触了另一种文化，或者受到另一种文化的冲击与洗礼之后，他们的思想观念就会因此产生变化，于是慢慢地你会发现他们的行动方式也在发生变化。就以饮食文化来说，以前的韩国、日本都是全盘学习并接受中国的方式，后来接触西方文化后就发现这种方式既不卫生，又非常浪费，还非常费时费力。因此，他们把自己的饮食习惯改造成了今天亚洲式的西餐，而不再像中国那样大规模地吃"围餐"了。

人吃东西决不同于动物吃东西，人吃的是文化，而且是按照思想观念来吃的，吃什么与不吃什么，包含着人的认识。比如，一个民族认为吃野生动物对身体有滋补作用，如"滋阴壮阳"之类，那么这个民族狂热地吃野生动物就是不可避免的了。我们的行为是由我们的思想观念决定的。比如，对教育的看法，我们认为教育就是塑造，西方人却认为人有着不可塑造的东西，他们认为人的灵魂只能够生成并在信仰中形成，而不可能塑造，教育只能促进或者阻滞这些东西的发展，所以教育即生长，不会再有其他的功能了。为什么他们会这样认为，而我们却会那样认为？这里有着不同的思想观念。我们的传统文化实际上骨子里就是"唯物"文化。首先是见物不见人，信有形的东西，不信无形的东西；信看得见的力量，不相信看不见的力量；追求有用的东西，忽视表面看来"无用"，而实质上将会有大用的东西。所以西方最终发展出了有信仰的科学理性，而我们却发明了无信仰的实用理性。

在望子成龙、望女成凤的高压之下，我们的教育塑造观念蕴藏了太多人的希望，哪里管得了人本身有着许多天生而无法改变的东西。西方教育尊重人的生命，为孩子提供一个良好的自由环境，孩子能够成为什么是他自己的事情，父母、教师最多只是提供一些参考意见，自己的一生完全要靠自己独立思考之后拿定主意。这就是

不一样的思想观念下产生的不同教育实践。

　　一个好的实践，一定是一个好的思想观念、一种新文化下的产物。不要企图从实践中能够产生这些观念。除了去学习、借鉴与思考外，你别无他法。一个人在愚昧控制下也可以忙碌一辈子，但是，结果只会是越忙越糟糕。缺乏思想家的民族，其悲剧就在于他们也很勤劳，也很辛苦，但是所作所为总是与人性相悖。

　　当大家都以小脚为美的时候，你怎么敢称赞天然的脚是人体最美的部分之一？当大家都以弯曲的梅花为美的时候，你怎么敢称赞高大通直的乔木？启蒙为什么重要？逻辑为什么不可或缺？害怕人们独立思考与向外学习，是中国文化最致命的弱点。

（2006 年 5 月 8 日）

第一编　追寻人性化的教育思想

教育之苦，异化之果

　　人生来是追求幸福、寻找快乐的。尽管人与人在理解幸福与快乐的时候，其实有很大的不同。但是，就体验与追求幸福的过程来说，却是一致的。教育就是要设法让学生健康成长，以便将来能够寻找到属于自己的幸福，否则教育就是没有意义的。但是，李政涛先生在《受教育与受苦》（发表于《读写月报·新教育》2008 年第10 期）一文中却说："教育从来就不是一件轻松舒适的事情。"而且特意声明针对的是学生，而不是教师。然后论证说，学生在教育中受苦是应该的，是学生成长过程中无法避免的，甚至作为教师就是要刻意制造一些"苦"让学生"遭受"。李先生认为：

　　　　"受教育的过程，本质上就是经受苦难的过程。让学生
　　在学习中受苦，是苦难教育的第一步，或许也是最关键最
　　重要的一步，这一步无论走得好坏，都将对其一生产生持
　　续性的影响。"

这个观点其实很传统，是值得进一步商榷的。什么是受苦？这实在是一个很难判断的人类感受。盖人类之复杂真是一言难尽。一些受虐狂，让别人把自己抽打得皮开肉绽，他才会感觉到一种快乐。过去在奴才公然盛行的时候，愿意受虐的人还真不少。比如，一个太监，要是被皇帝亲自鞭打，那也是一种幸福，甚至是一种荣幸。在中国，还保留了一个说法："打是亲，骂是爱。"自然，无论是打还是骂，都必须是特别有身份、有地位的人来实施，受虐人才会产生那种特别的快感。因为，这意味着，你是他的人了，你的前途与地位也就有希望得到提升了，否则就是一种苦难、一种侮辱。比如赵太爷打阿Q，阿Q就服帖，那是一种快感，但是被王胡、小D这样身份地位同样低贱的人打了，就感觉是受到了一种侮辱。但是，对于一个拥有正常心理的人来说，任何形式的被虐，都会在引发痛苦的同时，还会产生仇恨与报复的欲望。面对那些学生动辄杀老师的行为，可能更要考虑一下，我们施加的那些"受苦"教育是不是也要承担一些责任？

面对这样的受虐文化，提倡受教育就是让学生受苦，是十分危险的。特别是把学生受教育的本质说成是受苦，实在是一种可怕的误导。因为，这无疑为教育工作者虐待学生创造了理论根据，为把学校"监狱化"提供了合法的依据。人的成长中，固然会遇到这样或者那样痛苦的事情，人生道路并不总是一帆风顺的，人的心智确实需要磨难，但是，这并不意味着我们的教育目的就是要创造苦难来让学生学会吃苦，而是要让学生学会面对真实的世界。对于苦难，我们一直是处于这样一个矛盾中，也就是客观上无法避免与主观情感上的力求排除。教育的作用，就是如何引领学生在面临困境的时候，学会坦然面对，学会顽强抗争，学会争取属于自己的幸福，而不是什么"享受苦难"。教师更不是来分担苦难的，即使与学生一起分担，也是没有意义的。

　　人不经历苦难，确实不能够成熟。但是，苦难并不是导致成功的充要条件。相反，在更多的情况下，它践踏了人的尊严，毒化了人的心灵，扼杀了儿童的创造力。其实，教育学生要学会面对苦难，克服苦难与恐惧，其最终目的，也还是要追求幸福，而不是享受"苦难"，否则，那是一种受虐型人格。人们需要学会克服苦难，敢于面对苦难，只是因为生活中的苦难是无法避免的，但是，并不等于说"苦难"就是我们刻意要去追求的价值。

　　其实，学习之苦，千百年来恰恰是因为对知识的错误理解，同时是对学习的一种异化的结果。因为，我们的教育、我们的学习从来都是把知识与学习之外的功利标准当成目的，如什么"黄金屋""颜如玉"之类额外的功利。这样的学习当然是一种痛苦的行为。更何况，我们的学习就是对背诵与记忆力的考验，这对于记忆力好的学生来说，还不是太大问题，但是，如果对于像爱因斯坦这样记忆力差，但是想象力与创造力强的学生来说，无疑就是灾难。

　　中国人强调学习、受教育是一种吃苦行为，其实是一种有着悠久历史传统、根深蒂固的错误认识。正因为有这样的认识，才使得我们的教育落后，我们的"受教育"有时简直就等同于"受虐"。其实，人的天性都是爱好学习的，人的天性都是好奇的。这些与生俱来的求知欲、好奇心与惊异感，才是教育过程中最需要保护与引导的，也是一个人学习过程最重要的品质。可惜，因为教育被异化，学习被异化，一切都变得那样的枯燥乏味，变成了需要默默忍受甚至是需要忍辱负重的东西。我们的教育应该是教育孩子面对这些苦难时要有敢于改造的勇气及抱负，要给孩子以生命的关怀与敬畏，寻找到生命的意义与价值。目的是要改善我们的生活环境，提高我们的生活质量，保持做人的尊严，追求自己的幸福生活。不可以因

追寻教育的真谛——许锡良教育思考录

为人生无法避免苦难而选择学会"享受苦难"，当然也不可以面对苦难时选择逃避。

其实，人的苦与乐，是很复杂的，有时是很难判断的，也是因人而异的。给学生提供一个自由的空间，让学生学会发展自己的个性，才是教育中的应为之事。从人的追求来说，并不需要有什么统一的要求。中国目前的应试教育之苦，只会消磨孩子热爱学习、热爱生活的品性，其后果并不会有多少积极的效果。这一点，作为教育工作者，头脑必须是清醒的。

(2008 年 11 月 21 日)

第一编　追寻人性化的教育思想

让 学生发展自己的思想

吴康宁教授在《教育参考》上发表的他与儿子的对话录《我们家是什么阶级?》一文说到,他读小学五年级的儿子喜欢课外阅读,广泛涉猎,而且又喜欢思考,还喜欢刨根问底,不达到目的决不罢休。但是,他这个宝贝儿子却又是班上有名的差生,所有的学科成绩都只是应付,既与上游无缘,也不力争中游,而且更为有趣的是,他就这样甘居末流,还为自己找了一个借口:"做人要厚道,总得有垫底的。"一副毫不在乎的样子。这篇文章读来风趣幽默,充满了教育的哲理意义,也是一个难得的典型教育案例。

我断定这样的孩子其实就是天才。小小年纪,就有这样的超脱思想,可见真有不同凡响之处。同时,这也说明我们的教育制度与考试制度是有问题的,从进小学开始,孩子就被考试分数分成了三六九等,优秀学生、差生之类的标签就这样分别贴在了这些无辜的孩子身上。从此,无论是学校、教师还是学生及家长,都是为考试分数这把尺子而生存。学生那活生生的肉体生命与思想灵魂却被忽略了,孩子们沦落到了充当分数与功利的工具,想想我们的教育真是悲哀。

　　难道这个案例没有值得我们进一步发掘的教育意义吗？为什么一些明明是爱好学习，而且富有思考精神与阅读习惯的学生反而成为考核的不合格者呢？难道说那些考试分数真的那么重要吗？如果把孩子的成长看成是终生的，那么个人认为至少在小学阶段乃至初中阶段，只要学生学会了主动阅读，并且爱好思考与追问，就已经是最成功的教育了。只要他这个习惯、兴趣及能力能够一直保留下来，将来一定能够有卓越的创见。富有创造力的孩子常常是自己主动阅读并独立发现问题与思考问题，他们极不愿意被动地被要求读这读那，也不愿意被动地被别人设计的问题套住，更不愿意反复琢磨别人给定的答案。这类学生遇到统一的考试，特别是那些要求强记标准答案并需要准确地充当文字搬运工的考试，往往并不出色，甚至还可能比较差。爱因斯坦在中小学甚至大学时都不是出色的考生，他非常不习惯于那些要求准确地记住标准答案的考试，他的大脑的强项不在于记忆力，而在于想象力与思考能力，不在于回答别人的问题，而在于提出独特的属于自己的问题。这个问题类似于爱迪生上小学三个月就问老师"二加二为什么会等于四"的问题，而这类问题在学校的任何考试中都是不可能出现的，只有类似于爱迪生这样的天才才会提出。他们的大脑总是充满了强烈的好奇与探究欲，充满了想象与幻想。韩寒在某种意义上也是属于这类的"差生"，在应试教育面前，他选择了退学，实在是我们的教育体制无法宽容他这样的学生。

　　为什么种种迹象表明，那些在学校中表现为中差生的人，往往反而能够为社会作出更大贡献？这能够说明什么呢？一方面说明这些孩子的才能不适应这样被动强记的考试与教育，另一方面也说明他们并没有为追求一流考分而牺牲自己的业余兴趣，大脑的想象空间仍然幸运地得以保留。正是这些应试教育的"漏网之鱼"，使得他们在完全摆脱了考试标准答案与学校严格的纪律之后，能够轻松自如地发挥自己的创造才能；他们的想象力、创造力及发现问题与解决问题的能力，能够得以自由地发挥，毕竟学校的考试要求与社会上的工作要求还是不一样的。试想一下，我们有多少有特殊天赋的孩子就是在这样的教育压力下变得日益平庸的？因此，无论如何都不要过早地给孩子定性，不要给孩子过多的压力。除了保护孩子的天性，让其养成与人和谐相处、对人礼貌、讲究卫生、爱护环境等习惯外，孩子更需要的是自由自在的心灵空间，需要是的自由探究、自由阅读、自由思考的空间。许多时候，教师所需要做的就是创设一个有利于孩子玩耍的自然环境与人际环境。教师几乎所有的教育智慧，都应该表现在这些人际环境的设置与自然环境的创设上。孩子的生命有自己内在的逻辑密码，生命的成长需要时间，需要空间。

最近读思想大师尼·别尔嘉耶夫的思想自传《自我认识——思想自传》（广西师范大学出版社，2001年1月第1版，第16-17页），作者在书中提到自己读中学时也是一个中差生，他说：

"我很早就对哲学问题有特殊的兴趣，当我还是个孩子时就觉察自己的哲学才赋，但在成绩上我属于中差水平，经常感到自己是个能力很低的学生。我读了很多书，很早就思考了生活的意义问题，但我却永远解不了一道数学题，学不会四行诗，不能完成一页听写，不能完成一系列改错。如果说我从小就没有学会法语和德语的话，那么，很显然，要掌握它们就更难了。但是，在语言的知识方面，我却比其他同学有更大的优势：尽管我不会解数学题，可我却能很好地理解数学理论，知道为什么能够那样运算；尽管我不能掌握正字法，但我的文章写得不错。我对历史和自然科学的了解比其他科目要好得多。”

为什么会出现这样的情况呢？别尔嘉耶夫多年以后这样分析自己当初学习成绩比较差的原因，他说：

"我从心理学上来解释这种现象。尽管我的智力发展得很早而且很少有人能在那么小的年龄读那么多的书，但为什么我一直是能力低下的学生呢？后来我发现，只有当智力的进程是由我自己发起而进行时，只有当我处在主动和创造的状态时，我的能力才表现出来。而当我被要求去掌握和记忆知识时，当智力进程是从外面推动我的时候，我就不能显现出才能。实际上我任何时候都不能被动地掌握什么，简单地学习和记住什么，不能处在被别人指派任务的地位。"

别尔嘉耶夫对自己心理与智力状态的分析，很好地说明了"这一类差生"其实是喜欢自己阅读与思考的，在自己阅读与思考的世界里，他能够自由自在，游刃有余，是自己思想精神王国的主宰；但是一旦要被外来的教育强力所打断的时候，他就会变得十分无能，几乎完全不能适应这样的强化教育，许多有特殊才能的学生就是这样沦落为差生的。这一个事例再次说明，天才儿童不是学校教育出来的，不是普通教师教育出来的。有时我们所谓的教育，只会强迫儿童放弃自己的思想与兴趣，完全打乱他生命成长的内在逻辑。我们所需要做的，就是尽量不要扼杀了他们生命中所蕴含的天赋与才能，不要用一个差生的标签将他们的生命智慧贴死。

越是在学生年龄还小的时候，越是要多给他们自由玩耍与自由支配的时间，除了一些必须要有的行为习惯，如礼貌待人、安全意识与卫生习惯之类外，习惯越少越好，管束得越少越好。相对生命来说，越是宽容自由越好。现在再想起卢梭针对儿童教育的那句名言："要浪费时间，而不要珍惜时间。"真是充满了哲理。但是，这样的教育真谛，却没有得到我们文化与教育的认同。

（2007 年 11 月 7 日）

让 学生成为"野生植物"

　　我的朋友子虚先生，曾经自诩为"野生植物"，这是非常形象，也是非常准确的比喻。但是，作为教师，仅仅让自己成为"野生植物"是远远不够的，更为重要的是要想方设法让学生也成为"野生植物"。

　　"野生植物"的特点是什么？就是非人工驯化，能够始终保持自己独立生存的本领与强大的学习能力，充满生命活力，同时更重要的是能够与其他物种和平共存。因此，将学生培养成"野生植物"，最符合现代人类社会的标准。

　　不知道什么原因，任何东西自由自在的时候就很有生命活力，但是一经过人工驯化以后，就逐渐地失去了生命活力。人参以野生的好，香菇也是野生的味道鲜美；即使鸡、鸭等家禽，放在山间野地，来一个拟自然化的放养，与关在笼子里养，效果也很不相同。这莫非真是应验了卢梭说的，上帝所造的都是好的，一回到人手中就变坏了。

　　其实，回到人手中的未必全然要变坏，关键是回到有什么样的思想观念的人手中。如果回到一个思想开放、尊重他人生存权利、

没有什么强烈控制欲望的人手中，也没有什么可怕。可怕的是回到那种有强烈变态的控制与驯化欲望的人手中，再好的东西，也会立即变坏的。除此之外，还有回到什么样的人类社会中的因素，这一点可能是更为重要的。我们希望的人类社会是尊重生命，特别是人的生命；有着自由开放的风气；热爱大自然，敬畏大自然。

一个真正富有创造力的人，其实就是"野生植物"，他不依附，不愿意也不甘心被人当做"皮上的毛"。他能够独立谋生，能够很快地学习到自己所需要的东西；能够经住风霜，能够沐浴阳光雨露；能够根据生存的环境，寻找到自己的生存立足之地。教育就需要把学生培养成这样的人。他们无论做什么，都敢于发表自己独立的见解，敢想，也敢做。如果需要，他们还可以进入不毛之地进行科学考察，漂洋过海去探险。他们有着强健的身体，敢于尝试新的东西。他们也继承传统，但是，更重要的是发展与创新。他们敬畏自然，但是也探寻自然的奥秘，作出自己独立的思考与判断，同时他们也能够密切合作，有很好的协作精神。

在一个充满奴化与驯化的社会里，人们只会依附，把人际关系弄得特别复杂，就像一只只寄生虫一样，一个人的生存与发展，完全取决于所寄生物体的命运。这就是"一荣俱荣，一损俱损"或者说是"唇齿相依"的关系，不是独立生存，而是在依附中生存。要让我们的学生成为"野生植物"，就得先从"酱缸文化"里爬出来，避免做一只酱缸蛆，让他们从小就去呼吸大自然的新鲜空气，让他们的身心在自由中发展，让他们自己发展自己的思想，使自己的身体健壮，使生命充满活力，从而学会生存，学会创造，学会寻找发展自己的道路。我想这是让"酱缸蛆"变成"野生植物"的唯一办法。

（2008 年 8 月 6 日）

教 育的有效思维

在一则笑话里曾经读到过一个人在请客时不大会说话的例子。故事讲的是一个人请几个朋友吃饭，先来了一个，但是还有几个没有来。于是他感叹地说："该来的没有来。"先来的人一听这个话，就觉得自己是不该来的，转身就走。请客的主人赶紧去拦，又说了一句慌不择言的话："我不是说你。"刚好这时又来了一个，他恰好听到了前后两句话，心想：既然不是说他，那么自然应该是在说我了，我才是不该来的啊，于是也走了。结局是不欢而散。

其实从逻辑上说，否定一个，不一定能得出肯定另一个；或者肯定那一个，也得不出否定这一个的结论。同理，我们平时在表扬一个学生时，也得不出没有被表扬的学生就做得不够好的结论。但是人之常情，常常就是这样自觉不自觉地进行推理。于是，人际间的沟通有时就会发生问题。

我经常在讲课时碰到类似的问题，常常感觉与一些人沟通比较困难。我想这些沟通困难的重要原因，大多是因为使用的逻辑出现了一些问题。人们并不一定就那么符合理性与逻辑地去听别人的陈

述或者阅读。我们经常使用一些词，如有的、可能、一定、必然、或者等之类的词，在一定的语境下有时会令人误解，或者把你的内涵改变，或者把你本来已经界定的外延扩大，结果就出现了认识上的偏差。再加上我们长期以来受辩证法教条的影响，使得我们在谈论某些问题时，难以深入细致地探讨下去。

比如，我在一篇《过简单而健康的生活》的文章里这样说道：

> "我们中国人人生的一大乐趣就在于'吃'。但是我总怀疑这样的恶吃后面就是精神上的异常空虚……"

这句话本来是一个非常平常的表达。但是一个网友却提出这个表述里有问题。她是这样说的：

> "吃是生存的基本条件，不吃，不会吃，那就不叫动物，也不可能有人的存在，所以吃是生存的需要。从出生到死亡，最少也有几十年，如果一张嘴训练了几十年还不会吃，不会品尝，那他应该是个弱智或低能儿，所以吃应该也是一种文化和享受，当然也是人生的一大乐趣……"

这里的反驳出现了什么问题呢？在我的表述里并没有否定人是要吃饭的，也没有否定吃饭的重要性，甚至没有否定"吃"作为人生的一大乐趣存在的价值。只是提到如果"吃"的乐趣成了我们的主要乐趣甚至唯一乐趣的时候，这后面就可能蕴含了一种可怕的社会因素。因此，这个反驳出现的问题是在没有真正理解原文的意思时作出了错误的判断，错误地把原文的表述理解成了我是在否定"吃"的作用及意义。所以，就有了这一番辩驳。

我在这篇文章里还谈到了自己希望过一种简单而健康的生活的愿望，并简单描述了这样简单而健康的生活的一种模式。这里完全没有强迫别人也过这样的生活的意思，但是网友又提出了这样的反驳：

> "其实我觉得每个人都有自己的生活方式和精神追求，对于一个成熟的人来说只要自己觉得快乐，不影响别人，你爱怎样过就怎样过，又何必跟着别人追？何必在乎别人的眼光？毕竟你为自己活，而不是为别人活，又何必去看别人怎样活？喜欢品尝美味的人并不一定就缺乏精神食粮，甚至不乏许多才华横溢之士。"

这里很明显掺杂了一些情绪与猜测的成分。所以，就得出了这么多的责问。其实，这些责问一个也没有落到我的话语圈里。如果把一个话题做无限制的推测，那么就会得出很荒唐的结论。比如，假如我说"吃饭很重要"，那么马上就可能得到这样的反驳："难道只有吃饭是重要的吗？人作为一种有精神的动物，精神难道可以被忽略吗？"如果我说"爱国主义不同于国际主义"，那么有人可能就会由此得出我认为爱国主义与国际主义是完全矛盾的。其实一个人可以是既是爱国主义者，也可以是国际主义者，这是完全可以理解的。但是，爱国主义与国际主义毕竟是两个不同的概念。基于上述表述，有人就可以作出他自己的推测。但是，这样的无限推测是没有根据的。

再比如，前不久著名数学家丘成桐先生说："北大引进的海外人才大部分是假的。"丘成桐表示：

"据报道，北京大学引进的人才 40% 都是海外人才，但你去美国调查一下，我担保大部分是假的。引进一个人，学校可以拿几千万的资金，给你（指引进的教授）一两百万有什么关系？反正不是它的钱，是国家的钱。"

　　如果北大要反驳丘成桐先生的结论，最好也是最有力的办法就是把北大引进的海外教授名单公布，然后再一一说出他们来自哪个国家的什么大学，说明他们都是每年授课 9 个月以上的专职教授。但是，北大却没有这样做，而是作出了这样的声明：

　　"北大自 1998 年起加大了从海外引进人才的力度，8 年来从海外引进人才约占全校教师总数的近 40%。北大从海外引进人才有一套较为完善的机制，北大引进的人才绝大多数在海外具有很高学历，有过重要的学术任职和较高的学术成就。而且，从海外引进的人才中有特聘教授和讲座教授之分，两者在校任职时间有所不同，待遇也有所不同，不存在虚领报酬的问题。实践证明，北大海外引进人才的质量是高的，是经得起历史检验的。"

　　这里的声明有没有驳倒丘成桐先生的结论呢？没有。答非所问。一个说引进是假引进，并没有说引进的那些教授水平不高，而是说这些教授没有到北大任专职教授，即按照国际惯例，应该在所服务的单位一年时间内工作 9 个月以上才算是专职教授。但是，北大的声明说，自己引进的教授有高学历，有过重要的学术职务，人才的质量是高的，是经得起历史检验。这里北大故意把假引进中的"假"引向了"人才质量的假"，明眼人一看就知道，这是在玩弄偷换概念的文字游戏，但是，这种声明居然蒙骗了许多国人。

　　学一点形式逻辑可能对我们会有一些好处，会减少因逻辑理解偏差而造成的误会。当然，有的沟通问题不是逻辑上的，而是价值层面的，是立场的不同。这时，就是孔子所说的"道不同，不相为谋"了。逻辑不能完全保证一个结论正确与否的问题，但是他可以帮助我们分析一个错误的结论是怎样得出的。

（2006 年 9 月 17 日）

第一编　追寻人性化的教育思想

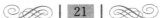

人生的魅力在确定与不确定之间

　　人类为了自身的安全，经常对自己所处的环境进行探究，总想找一些安全的措施，甚至是万全之策，总想提前知道自己将来的发展是如何的。人类一直在利用自己的理性智慧作为探索的工具，它企图破解一切来自于大自然的秘密。但是，人类的探索仿佛就是在给大自然画一个又一个圆圈。如果说圆圈内代表着人类的未知，而圆圈外代表着人类的无知，那么人类积累的知识越多，已知的东西越多，同时感觉自己无知的事物也就会越多。但人类的科学真理取代不了人类的信仰真理。科学终止的地方，上帝就会出现在那里，人的信仰也就伴随而来。

　　当爱因斯坦面对神秘的大自然的时候，他也不得不高喊"上帝"来救助。法国当代著名的思想家埃德加·莫兰感叹人类的已知与未知之间的关系，也这样描述人类的确定性与不确定性（法国，埃德加·莫兰著，陈一壮译，《复杂思想：自觉的科学》，北京大学出版社，2001年7月第1版，第10页）：

我们知道了我们这些行星地球的公民是太阳的郊区居民，而太阳又是僻处银河系外围的一个郊野，而银河系又处于比一个世纪以前人们所能想象的要神秘千倍的宇宙的外围。因此科学的确定性的进步也导致了不确定性的进展。

随着人类研究的进展，人类在增加已知的同时，也在增加未知的范围。而且增加的部分往往带来了更大、更多的不确定性。莫兰非常乐观地称之为"好的"不确定性。因为它把我们从天真的幻想中解脱出来，把我们从传说的迷梦中唤醒：这是一个"无知"者认识到了自己的无知。

但是，人生的魅力可能正在这里。我们不可想象，如果人生是完全确定的，我们一出生就已经知道了自己将来的一切，将来会娶什么太太，或者嫁什么丈夫，会有什么样的孩子，会有什么样的前途，会在什么时候生什么病，什么时候会有意外事故，或者什么时候以什么样的方式死去，而且这些都将是一种不可避免的必然事件，那将是多么可怕啊！幸亏人类并不是这样清楚地知道自己将来的一切。当然，如果人对自己的将来完全一无所知，对自己的周围环境也一无所知，完全陷入了一种自生自灭的混沌状态，那么，人之为人还有什么意思呢？这与一棵草、一种细菌还有什么不同呢？万物都有灵性，而人却恰恰是万物之灵长。人不是全知，也不是全无知。人时时刻刻总是处于一种知与不知之间，而且越是知得多的人，就越意识到自己知得少。每个人本身来到这个世界都带有非常大的偶然性，带有非常大的神秘感。生命的生成本身就是复杂而充满神秘的。时间的变化更是给这种未知增添了更多的神秘色彩。

2006 年年底，我所执教的学院有两位教授在出差时，一个死于

车祸，一个重伤至今还没有苏醒过来。人生有时就是会中断自己正感觉幸福的时刻，中断自己的壮年，给亲人带来无穷的思念与悲痛。好好的一个人，昨天还有说有笑的，今天突然就阴阳二界黄泉路。有时候，一转身就是一辈子。人类这种事情简直不计其数，但是没有人知道自己什么时候会遭遇类似的事情。但是唯有不知道，才可能是幸福之源。因为如果知道而且不可避免，那么，人类还不知将怎样在痛苦中煎熬呢？有一次，我带一个校长班外出考察，途中遇到长时间的强烈气流，飞机在10 000米高空上下颠簸，把行李架上的行李都颠下来了。许多人吓得面色发白，一言不发。后来飞机安然无恙地降落在广州白云机场，当我们走出机舱时，飞机上的全体机组人员都列队在飞机的门口微笑欢送。大家对机组人员充满了感激之情。当时就有一个女校长对我说："每次当飞机安全降落的时候，我内心首先要感谢上帝，然后要感谢飞机的机组人员。人真的很难说会有什么意外。"

的确，特别是当我从歌德尔那里得知宇宙中就没有永远的确定性的时候，这样的担心也并不是没有道理。也许有时候，我们什么都没有做错，但是仍然有一种失败的逻辑在等待着我们。这也给我们活着的人提了一个醒，人不必太计较那些外在的得失，不必太在意那些恩怨与情仇。也许，这一切都突然而来，又突然而去。人生的痛苦在于死与不死之间，而人生的幸福却又在于确定与不确定之间。人们之所以畏惧死亡，是因为死亡还没有到来，真正死亡了，人是不会知道什么痛苦的；却又知道每个人必然有这一天的到来，只是这一天究竟在哪一天谁也说不清楚。于是，就产生了确定性与不确定性。死亡是确定的，什么时候死亡却又是不确定的。每个人大限的来临都是人生的最后决断。一切的一切，荣辱繁华，成功失败，贫穷富贵，都突然站在了一个平面上。是快乐的中止，是痛苦

的结束，是智慧的停止，也是欲望的终结。每个人都以为自己可以活到多大多大，其实每个人究竟如何，这是多么不确定啊。活着就好，活着就应该是快乐的。如果你失去了财富、荣誉与地位，那么你只是失去了一点点；如果你失去了人格、思想与精神信仰的支柱，那么整个的人都会失去。

两千多年前古希腊的智者伊壁鸠鲁提出过一个两难推理：人的精神意志是自主独立的，因为我们可以自由地追求真理，但是，当我们追求到了真理的时候，我们又知道了事情的结局，这样就将会失去自由。因此，我们必然是活在自由与不自由之间，在确定性与不确定性之间，在信仰与不信仰之间。甚至信仰本身有时比科学更能够给人带来自由。因此，他说：

> "我们的意志是自主和独立的，我们可以赞扬或指责它。因此，为了保持我们的自由，保持对神的信仰比成为物理学家的奴隶，命运更好。前者给予我们通过预言和牺牲以赢得神的仁慈的希望；后者相反，它带来一种不可抗拒的必然性。"（普利高津著，湛敏译，《确定性的终结——时间、混沌与新自然法则》，上海科技教育出版社，1998年12月版，第7页）

我读完这一句两千多年前西方圣哲的名言后，突然感觉非常悲凉。我们中国人既不是生活在伊壁鸠鲁所说的信仰中，也没有成为物理科学的奴隶。我们似乎总是游离于他们给定的那个世界。我们向来相信的是那句古话："生死由命，富贵在天。"几千年来，似乎也过得去。但是，我们受到了来自西方上帝的挑战，也受到了来自西方科学的挑战。我们再也不能够像原来那样安然地自给自足地生

活下去了。英国的思想家穆勒说过：

　　"做一个不满的人，比做一只满足的猪要快乐；而做一个不满足的苏格拉底要比一个满足的傻瓜要快乐。"

（2007 年 1 月 20 日）

人 的成长与恐惧

　　人生来是追求幸福的，而幸福的第一个前提就是要消除恐惧，生活在一个有安全感的环境中。因为，作为一个拥有高超智慧的生命，人其实是极其脆弱的。法国思想家帕斯卡尔认为，人是宇宙中最为脆弱的生命，他讲道：

　　　　"人只不过是一根苇草，是自然界最脆弱的东西；但他
　　　是一根能思想的苇草。用不着整个宇宙都拿起武器来才能
　　　毁灭他；一口气、一滴水就足以致他死命了。然而，纵使
　　　宇宙毁灭了他，人却仍然要比致他于死命的东西更高贵得
　　　多，因为他知道自己要死亡，以及宇宙对他所具有的优势，
　　　而宇宙对此却是一无所知。"（帕斯卡尔《思想录》）

　　这是一段耳熟能详的名言，多少年来被世世代代的人反复引用着。它特别强调人的思想与智慧的伟大意义。中国的老子也说过自己的恐惧缘自于自己有一个肉身。

吾所以有大患者，为吾有身，及吾无身，吾有何患？
（《老子》）

在宇宙中，同样因为人的思想与智慧及肉体上的脆弱性，而使人似乎比任何动物都要容易感受到恐惧。植物不会有恐惧感，动物的恐惧感则是直接的。但是，人的恐惧感，因为有历史文化及思想智慧的超越时空性，所以，也常常是超越时空的。人，几乎是唯一可以通过制度、权威及自己制造的武器，制造出大规模巨大恐惧的动物。

人类文明的重要标志之一就是有办法克服恐惧，消除恐惧的隐患。无论是消除自然界的还是来自社会恐惧的能力，都是人类文明的重要标志。作为个人来说，他的成长过程也就是逐渐克服恐惧的过程。恐惧常常来自于对生命安全的威胁；恐惧常常来自于能够认识到一种严重威胁自己生存的力量。同时，又没有办法逃避与制服这种力量，这个时候就是人产生恐惧的时候。比如，古代的中国人对帝王是常常心怀恐惧的。因为，中国的帝王权力特别大，对任何人都操有生杀大权，而且无处逃避。也就是"普天之下，莫非王土；率土之滨，莫非王臣"。在这样的情况下，如果有触犯龙颜的时候，产生巨大的恐惧感是自然而然的事情。其实，在那样的制度下，帝王那样滥用权力，制造恐惧气氛，其主要原因也是因为他自己的生存受到威胁，他自身感到巨大的恐惧。因为总有人想谋害他的性命，以便取而代之。凡大独裁者，都是世界上最受威胁，生命恐惧感最强的人。因此，权力越大者，恐惧感其实远比普通百姓要大得多。民主、法治的本质，其实就是帮助人克服恐惧，消除恐惧的隐患。因此，有理由认为，最多的人最少拥有恐惧感的制度就是好的制度，那样的社会就是文明社会。

对一个人来说，其成长过程，也就是克服恐惧的过程。人，生来就是极其脆弱的。小时候的生命，几乎经不住任何恐吓。生一次病，打一次针，就对医院与护士怕得要命，见了穿大白褂的，就会大哭。对父母的一句威胁的话，也会吓得要命。上了幼儿园，老师说什么几乎就是什么。人的年龄越小，越容易受到恐惧的威胁。一个成熟的人，几乎都经历过了崇拜偶像、迷信权威、盲目服从到独立思考、自己判断、自己做主这样的人生经历。上学前，孩子总喜欢说：妈妈说，俺娘说。上学后，孩子喜欢说：老师说。上中学后，理智开始成熟，认识到老师也可能会有错，但是书上的标准答案总是判定分数的依据，改为：书上说，其实就是教科书上说。上了大学，又开始认识到，书上说的也不一定对。因为，大学里已经没有统一的教材，也很少有统一的考试。此时便开始说出：我认为。奇怪的是，到研究生阶段，人们又开始迷信起老师来了。在这个群体中，开口闭口说：导师说。或者动辄引用导师的那些其实平庸无奇的文章里的句子，一时也成了风尚。无论是否真心，这种现象至少说明那些研究生们，确实是感受到了来自导师话语霸权的严重威胁。权威，在这里几乎是不容置疑的。恐惧感，产生于权威意识。权威意识也自然会反映在一个人的口头禅里。

什么时候人不再迷信权威，不再崇拜偶像，不再盲目服从，能够自己的事情自己做主，能够通过自己的独立思考，作出自己的判断的时候，这个人就开始成熟了。最成熟的人，就是那个敢于以自己的生命与智慧独立穿行于天地之间的人。这样的人，不是从此没有了恐惧感，也不是从此不再敬畏。而是，他敬畏的内容发生了根本性的变化。比如，他不再对世俗的权力感觉有那么害怕，不再对没有经过自己思考的所谓权威结论盲目服从；不再一听说某某长要来，就立即感觉如临大敌，或者吓得屁滚尿流，或者语无伦次；也不会因为某个大人物某一个表彰，就喜极而泣，终生难忘，立即表示效忠，甘愿肝脑涂地，死而无怨。但是，他对茫茫宇宙的奥秘是要表示敬畏的；对人的生命的神圣性是要表示敬畏的；对于人类文明的深厚积淀，也是要表示敬畏的。一个人敬畏什么，恐惧什么，不但反映出他身上的文明水准，也反映出他的心理成熟程度。因此，从一个人恐惧什么，敬畏什么，就可以看出他的成长程度。

一个天不怕，地不怕，更不怕死的人，就是最可怕的人。一个什么都怕得要命的人，是软弱无用的。教育的目的，就是要教育孩子，让他们明白，什么是应该感到恐惧的，什么是不应该恐惧的；什么是要敬畏的，什么是可以蔑视的；什么是应该抛弃的，什么是应该珍惜的。一种教育如果能够让学生明白这些，就是最成功的教育；一个明白这些界限的教师，自然是最优秀的教师。

(2008 年 12 月 4 日)

生命教育的难题与出路

　　人的生命有不能承受之轻，也有不能承受之重。无论是哪个方面，都充满了神秘的色彩。这两天在网上读到全国著名的文艺理论家、中国人民大学青年教授余虹先生在家跳楼自杀的消息。这已经是多次听到大学教授与博士跳楼自杀的消息了。要说别人还好理解，但是余虹教授却是一个珍爱生命、关爱生命的人。每一次似乎都令这个世俗世界难以理解，因为他们的生命都正处旺盛的壮年，也都是社会的精英，而且是社会的功成名就者。

　　仅仅是在今年（2007 年）5 月份，他还在美国的波士顿，当听说了韩国留美学生赵承熙枪杀 32 名同学与老师的事情时，当即就写下了一篇叫《有一种爱我们还很陌生》的美文。在文中，他对比了同样因为杀害自己同学的马加爵死后所受的待遇与韩国留学生赵承熙死后所受的待遇的截然不同，由衷地感叹，两个不同的国度，两种不同的文化对生命的理解与诠释的截然不同。杀人者与被害者竟然一同被祈祷与纪念，他们的牌位与灵柩，还有代表他们的蜡烛都是那样整齐地平等地被摆放在一起。他在文中深深地感叹道："听说美国人在悼念活动中竟连凶手也一起悼念，我惊讶了，这惊讶久久

不能平息。"这种惊讶源自于不同的文化信仰。这种爱只能够是来自宗教情怀的。也就是耶稣所说的：

"爱你们的敌人并为那些迫害你们的人祷告……天父的光既照好人也照坏人；天父的雨既给义人也给不义的人。"
（《马太福音》）

耶稣一生的讲道与践行都在向人们启示这种无条件、无分别、化恨为爱的大爱。这是余虹教授在文中所展示的关于生命、关于爱的思想。你可以看得出，关于生命，关于爱，余虹是有自己独特的体验与独到的见解的。但是，仅仅事隔半年，他自己也选择了自杀。而且就是在今年 7 月份，他还有一篇关于庆祝他自己的老师——四川大学石璞先生百岁华诞的庆典文章，文章借他的老师百岁生日，再次谈到了珍惜生命的意义。但是，就是这样一个对生命有着特别情怀、有着特别体悟的人，却选择了自杀。他的自杀肯定有活着不如死去的理由。但是，生命教育的奥秘也正在这里。

一个对生命情怀有着特别感悟的才华横溢的年轻学者，一个对中国文化与西方文化都有切身体验的教授，就这样走了。他留给后人一种什么值得思考的东西呢？一个人选择死，而不选择生，肯定是看透了其生的虚无。因为活着不易，因为活着艰难，还因为活着太轻，或者活着太重吧，自杀的问题始终是一个猜不透的谜。因为死的人已经死了，生的人却又还没有这种体验。黑白分明的两个世界，中间是没有可供研究的过渡阶段的。如果一个人突然明白了生命原本归于虚无，那一定会是一种沉重的打击。人的生命要活下去，仅仅靠大米、白面肯定是远远不够的。人在信仰缺失的时候，常常会突然感到有一种死的欲望。而那些体验生命特别深沉的人，常常容易体验到别人所不能够容忍的生命之虚无。王国维当年选择自杀，莫非也是如此？选择杀人，常常是因为充满了恨；而选择自杀，却可能是对爱的欲望过于炽热，但是在现实中却无法得到实现。一个不关心他人生命的社会是可怕的，因为人们常常无意中制造出许多弱势群体，他们的生命常常被侮辱、被歧视，甚至被践踏着。余虹走了，我相信他一定是因为爱得深沉而走的。因为他留下了一段话是值得所有的中国人深思的：

> "恨是一种非常危险的非理性激情，不管它来自何处，都可能导致罪，尤其是来自正义要求的恨。恨是一种非常隐蔽而顽固的罪恶之因，尤其是在正义的名义之下，因此，重要的不是道德上的是非，而是心理上的爱恨。也许，如何消除恨，才是杜绝罪恶的首要问题。显然，只有爱可以否定恨并战胜恨，而恨不仅不能否定恨和战胜恨，还是滋生恨的土壤，所谓'因恨生恨'。世俗的爱恨情仇之所以轮回不已，其主要根源就是它们之间割不断的纠缠。"

这就是说，生命教育中不能没有爱与死亡教育。生命里不能没有阳光，不能没有坚定的信仰，不能没有真诚无私的爱。而且这种爱不是世俗的、狭隘的，而是像耶稣的博爱一样。生命之爱，是不带道德色彩的。这种爱的原因仅仅因为这是生命，仅仅因为这是人的生命。

我想我们重提生命教育，重提对人的生命的关爱，首先要弄清我们的生命教育的信仰缺失。正是这种缺失，使我们不是生活在生命不能承受之重中，就是生活在生命不能承受之轻中。

（2007 年 12 月 7 日）

教育必须弄清智慧的标准

　　我曾在我的教育博客上做过一些教育批评，有人就借诸葛亮在《三国演义》第四十三回"诸葛亮舌战群儒　鲁子敬力排众议"一章里为自己辩护的一段话来批评我，一副居高临下、志得意满、不可一世的样子，很是可爱。

　　其引用的这段话是这样的：

　　　"儒有君子小人之别。君子之儒，忠君爱国，守正恶邪，务使泽及当时，名留后世。若为小人之儒，惟务雕虫，专工翰墨，青春作赋，皓首穷经。笔下虽有千言，胸中实无一策。"

　　言下之意，我就是诸葛亮嘴里的小人之儒。这是中国人千百年来用于取笑书呆子的一段最经典的话，被多少代人反复引用。

　　问题是"小人之儒"固不足取，而"君子之儒"又能怎样？其实也只是愚蠢，而且是更愚蠢。在这里不得不提及的是，实际上

《三国演义》里近乎妖化的诸葛亮几乎是完全不可信的。但是，这并不妨碍中国人世世代代津津乐道于诸葛亮的智慧。问题是即使是在《三国演义》这样的小说里，被神话了的诸葛亮能够那样神机妙算，也没有挽救蜀国灭亡的命运。

现在我们撇开三国具体的情节来看看中国与西方智慧的标准问题。诸葛亮说，儒有君子小人之分。即使是君子之儒，也不过是"忠君爱国，守正恶邪，务使泽及当时，名留后世"。就这一点来说，诸葛亮确实是做到了，就像中国当代某些教育改革家那样，相信不仅现在留下了名，而且将来也会"名留后世"。不过，说来遗憾的就是这些所谓的"君子之儒"，可以留名后世，却无法留点思想理论或者发明创造给后世。哪怕像亚里斯多德那样留点在诸葛亮看来愚笨到了极点的逻辑三段论，给后人琢磨琢磨也好啊！可是，他们没有。

显然，诸葛亮是善于运用逻辑推理，而且精于心理学的，但是却没有一点理论贡献，也没有发明一点东西恩泽后世。据说他发明了木牛流马车，可惜也只是小说中的传说而已，到目前为止，考古仍然未有发现。他对下属及对手的心理了解如明镜一般，令人惊叹，常常对方出一计策，诸葛亮这边同时就知道了，然后安排好对应的办法。他一生中大概只有对马谡算是有点失误，因而失了街亭，要不是弄个"空城计"，怕是这个智慧的脑袋早就没有命了，小说也正是通过这一险招来凸显诸葛亮的智慧的。诸葛亮的智慧其实说白了就是善于揣测人的心理，善于玩弄算计，与人斗不但其乐无穷，而且颇为工于心计。在人际关系上，中国人世世代代都是大大小小的诸葛亮。中国人活在复杂的人际关系中，学会做人几乎要穷尽一辈子的时间精力及聪明才智，而且仍然无法"从心所欲不逾矩"（这只是圣人到 70 岁时才做到的，其他凡夫俗子可想而知）。这种心中有策，善于办事，却不善于改革，不善于发明创造的智慧，正是创新人才培养的桎梏。

如果苏格拉底、柏拉图、亚里斯多德、牛顿、爱因斯坦等西方的大智大慧之人在中国的文化环境中，会得到怎样的评价？我以为用诸葛亮的"小人之儒"的描述来评价他们可能是最为合适不过了，正是：

"惟务雕虫，专工翰墨，青春作赋，皓手穷经。笔下虽有千言，胸中实无一策"。

尤其是那个苏格拉底，最后还无故地丢了自己的性命，连逃命的智慧都没有了。中国人的智慧标准是世俗的，是功利性的，是与人斗的，更是混世有术的；而西方人的智慧是要探求宇宙、自然、社会的奥秘，即使研究人，也要研究出一个原理来，要将人放置到某个逻辑起点上来考察。因此，我们看到无论是关于自然方面的学说，还是关于社会人文方面的学说，中国人几乎都是空白。而一些所谓的智慧和计谋，也不过是谋人有术，治世无方。如此数千年，直到人家的"坚船利炮"打过来了，我们此时才知道，用了数千年的治人智慧，在这里一点用处也没有了。

中国的教育讲究"修身、齐家、治国、平天下"。而中国智慧最高境界就是修炼有术。比如，练剑的人，要由手中有剑，到心中有剑，再到化有剑为无剑，剑术便是达到了极致。但就是那样苦苦修炼，也远不如发明一杆来福枪来得方便，隔个几百米，一枪就结束了。当初八国联军只是用了数千劣等的流氓无赖，便把中国修炼了几千年的武术精英打败了。这里面蕴含的思想智慧，确实是要每一个中国人好好思量一下的。

现代法国政治思想家，著名的女学者西蒙娜·薇依在其《扎根

——人类责任宣言绪论》（西蒙娜·薇依著，徐卫翔译，三联书店，2003年1月版，第234页）中曾经讲过一个故事：

> "有一则印度故事，讲的是一个修行者，独自苦修了14年以后，回去看望家人。兄弟问他都学了些什么。他把他兄弟带到一条河边，在他兄弟的眼皮底下靠双脚渡过了河。他兄弟叫来一个艄公，坐船到了对岸，付了一个铜板，并对修行者说：'我付一个铜板就能办到的事，用得着去修炼14年吗？'"

西蒙娜·薇依毕竟是西方著名的政治思想家，她引用这个故事意在说明，一个良好的制度与良好的文化传统，就可以轻松地解决一个问题，否则的话，就是修行14年也未必能够很好解决。再如，一个中国高明的厨师就是学一辈子，也还是会有把饭烧糊的时候，但是，日本的松下幸之助发明了电饭煲后，即使是一个傻瓜也可以烧出一锅喷香可口的米饭来。但是，我们的智慧是宁愿世世代代去用14年的时间甚至更久，学会用传统的锅灶烧饭技术，却不会用一年两年的时间来发明一个电饭煲之类的工具。我们也宁愿去学诸葛亮那样神机妙算，并且自以为聪明，也不愿意去像亚里斯多德一样弄一个逻辑学出来，或者像培根那样弄个"新工具"出来。而且我们现在的教育仍然没有意识到这种大智慧与小技巧之间的区别。因此，我们可以看到中国的教育把数学学习变成了单纯的运算技能与技巧，而对于学生高度缺乏数学思维与数学问题意识却熟视无睹、安之若素。中国的教育将一切人文社会科学的教育都弄成了记忆之功、背诵之术，似乎它们只是一堆需要记诵的材料，只要记住了就行了。我们现在也还是只知道物理、数学、化学、生物之类的一门门具体的实用学科，却完全忽略了这些学科中蕴含着丰富的科学方法、科学精神的重要性，忽略了科学的内在生命问题是在探究，是在批判与发现。

现在看来，一个国家、一个民族最重要的思想智慧还是看她如何看待教育的思想智慧，因为这几乎就是一切思想智慧之母。正是因为我们在这个问题上理解错了，我们走得越远，就离愚蠢越近，离智慧越远。

(2007 年 12 月 3 日)

教育与人类的灾难赛跑

　　记得台湾的龙应台女士曾经做过这样的呼吁，她说人类的生活是幸福还是灾难，要看人类的教育是否跑过了人类的灾难；要始终让教育走在人类的灾难前头，至少要把人类的巨大灾难都转化成教育资源来教育下一代，以免同样的灾难在人间重演。教育在人类的福祉中扮演着举足轻重的角色。

　　这几天闲着没事，便在家里看买来的几张影碟，是上个世纪百年大战纪录片，看得我昏天黑地的，感觉人类的灾难一个接一个，人类无数个灾难中，最不可饶恕的就是战争。战争是纯粹的人祸，也是最为残酷而没有人性的，也是人性中最为阴暗的。经过战争洗礼的人性常常是病态的，被邪恶歪曲了的。要通过教育来教育好下一代，无论什么原因，都没有理由依靠发动战争来解决人类的问题。要将人类的一切战争都作为人类恶性的灾难来教育下一代，而不是作为英雄的故事来吹捧。

　　有意思的是，上个世纪扮演战争主角的国家有德国、日本、苏联、英国、法国、美国等，值得庆幸的是最后几乎都是民主国家取

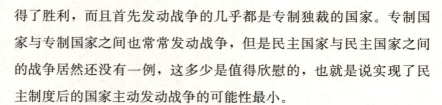

得了胜利，而且首先发动战争的几乎都是专制独裁的国家。专制国家与专制国家之间也常常发动战争，但是民主国家与民主国家之间的战争居然还没有一例，这多少是值得欣慰的，也就是说实现了民主制度后的国家主动发动战争的可能性最小。

我们要教育下一代，不要与世界上任何一个国家为敌，不只是打得过打不过的问题，而且是与任何一个国家为敌都没有道理。在具体的利益上，我们当然要捍卫自己的利益，但是在价值取向与制度上，我们没有理由主动敌视任何一个国家。

战争作为人类的灾难我们永远要记住。人性的脆弱与人类的灾难是互为因果的。战争的灾难常常一不小心就会触发。但是，我们要让后代明白，真正消除战争的方法是实行民主制度，一切战争都是因为独裁，都是因为专制。因为只有专制独裁才能够无缘无故地发动战争，而且最容易发动战争。其次是狂热的爱国主义者与狭隘的民族主义者也是容易发动战争的。每次人类的战争几乎都是借爱国主义与民族主义来发动的，而我们的许多孩子至今还不知道"纳粹"的意思其实就是"国家主义或者民族主义"的意思。"纳粹"是"Nationalsozialist"（国家民族社会主义者）一词的缩写词 Nazi 的汉语音译。还没有什么保障机制能够完全消除人类的灾难。唯有让孩子们提前明白这些道理，永远不要把军歌当成幸福之歌来唱，无论军歌唱得多么柔情蜜意，多么悲壮宏伟，多么哀婉凄迷，多么催人泪下，要知道军歌就是军歌，军歌是永远不能够代替校歌的。军队的存在永远是人类无可奈何的痛。人类的终极目标是在地球上实现和平，消灭一切军队。

（2008 年 9 月 4 日）

生命的意义

当我追问生命的意义的时候，我内心就有一股电流流过心头。我不由自主地想起一个人，他就是那个终身不得志，只以副教授退休的弗洛伊德。他曾经在临终前写信给自己的情人玛丽亚：

> "当一个人追问生命的意义和价值时，他就得病了，因
> 为无论意义还是价值，客观上都不存在。"

这就是说健康的人不必追问生命的意义。因为，他的一举一动、一言一行，都是充满活力的，他的欲望都是能够满足的。只有当生命处于病态的时候，他才会回过头来问一问生命存在什么意义与价值。因为健康地存在就是生命的意义与价值。如果还要企图追问生命的其他意义，那么就说明你不够自信、不够健康。

这样说，是不是有点绝对了一点？也许吧。但是，或许这样说，也道出了人性弱点的某些秘密。历史上凡是那些表现出强大健壮体魄、有着非凡能力的人，常常是现实世界的强大行动者。政治强人

从来不写那些"月满西楼"之类的诗词。像南唐后主李煜的《虞美人》：

> 春花秋月何时了，往事知多少。小楼昨夜又东风，故
> 国不堪回首月明中。雕栏玉砌应犹在，只是朱颜改。问君
> 能有几多愁，恰似一江春水向东流。

这样的声音应该是来自生命的深处，来自灵魂的激荡。但是，正因为一个人能够写出这样的生命之诗，其实意味着他在现实政治中是一个失败的生命。张文质先生是一个对生命的意义与价值有着持续追问精神的人，他最近有一段话很有意思，他说：

> "我的老师问我：那些达官贵人的孩子有一个是教师、医生或者哪怕是一个律师也好啊，有吗？我说，应该没有吧。他们不需要证明心灵、身体和法律的价值，只扑向权力和财富。大概如此吧。"

其实，这个道理是很浅显的。在中国，达官贵人的子弟为什么不去做教师、医生，甚至连律师也不愿意做？因为，前二者都是关注生命的职业，教师要善于倾听来自心灵的声音，医生是灵魂的载体——肉体的承载者。如果有更好的争取权力与财富的捷径，又何必要当个律师来费口舌在夹缝中讨生活呢？

活着其实是个难题。当然，这是相对于人来说，而不是相对于其他智力低下的动物来说。弗洛伊德说：

> "人生有两大悲剧：一个是没有得到你心爱的东西；另

一个是得到了你心爱的东西。"

他又说:

> "人生有两大快乐:一个是没有得到你心爱的东西,于
> 是可以寻求和创造;另一个是得到了你心爱的东西,于是
> 可以去品味和体验。"

人本身就是这样的复杂矛盾体。人的生命意义问题,始终摆脱不了这样一个两难选择:是做一个忧愁的苏格拉底还是做一只快乐而满足的猪?在西方,追问生命意义的人是精神贵族。这样的人,常常有着巨大的家族遗产,或者有着丰厚回报的悠闲职业,或者有着超脱于世俗功利的对人生境界追求的精神气质。人之所以追问生命的意义、活着的价值,完全是因为人有一个任何别的动物都没有的智慧大脑。人满足肠胃,只要行动上的强力就可以了。但是,要满足智慧的脑袋对世界的好奇心与求知欲,却必须有着特别的闲情与悠闲。人如果一直生活在生与死的边缘,为生存而活,那么,他就无暇他顾。因此,行动上的强力者,那些从来不曾追问生命的意义,最害怕的就是被他统治的人去追问生命的意义。英国思想家柏克是一位思想灵魂的大师,他曾这样分析说:

> "独裁者们是用恐怖手段来统治的。他们知道,谁畏惧
> 上帝,谁就对别的东西无所畏惧。于是,他们就把那种唯
> 一能够产生真正勇气的畏惧从头脑中斩草除根。"

就因为这句话,我对他是充满敬意的。他一语道出了人世间任

何一个独裁者的奥秘。回头想想希特勒那样迫害智慧而坚定的犹太人的重要原因之一大概就是因为犹太人对上帝的敬畏而产生的面对死亡的勇气，激怒了这个独裁者，使他务必除尽而后快吧。

因此，回头想弗洛伊德临终前的话也许是一个反话。也就是说，那些从来没有真正倾听过来自自己心灵深处的人才是真正的病态。因为，他们从来没有从原始的丛林中走出过来，他们从来没有真正摆脱过一次丛林法则。作为人，其真正的价值就是追问生命的意义，按照自己生命的尊严来主宰自己的命运。

(2009 年 2 月 6 日)

失 败与成功是平等的

　　记得米兰·昆德拉在其《生命不能够承受之轻》中说过："失败与成功是平等的，你失败了，也就等于成功了。"细细回味这句话，确实感觉很深刻。我们每个人在有生之年，都拼命地追求成功，有时为了成功不择手段。有的最终"成功"了，有的最终没有"成功"。但是，在昆德拉看来，其实都是一样的。这怎么理解呢？

　　稍稍读过《史记》的中国人，怕是通常要读出非常惨痛的感受。人们常常痛切地感受到，那简直不是人间历史，而是人间地狱的写照。之所以令人感觉是那样悲痛，是因为史书中记载的那些所谓"成功者"，比如刘邦这样市井无赖之流，为了成功竟然是那样地不择手段，大耍流氓花招，六亲不认，为了保自己的命，连两个亲生儿子都可以屡次丢下车去，心狠手辣，诡计多端，为了成功无所不用。凡是失败者，他们身上都有一些弱点，而这些弱点，换一个视角来看，竟然是那样令人感动的人性光辉。无论是项羽，还是韩信，他们的失败，都是因为闪耀着人性的光辉。今天来看，无论是成功者，还是失败者，他们都已经死了，成功者自然是留名青史，失败者也记录在案，在后人看来，成功与失败都没有什么意义。唯有失

败者那导致失败的一点人性的光辉，才是令人感动的，才是支撑着人类不断地克服野蛮、不断地追求光明的一份力量。不肯过江东的项羽与不肯另立门户的韩信，他们身上多少还保留着一点人性。

有时，你要成功，你就必须作出选择，是同流合污，还是保持自己的一份清白？这确是两难选择。有时你选择清白，就可能成为彻底的失败者，而同流合污，则可以在短时间内享受一下荣华富贵，但是，这其实也是一种失败，是一种人性的失败，作为一个有道德人生的失败。

因此，说成功与失败是平等的，并不是我们通常意义上所说：失败是成功之母。这样说，其实还只是在称赞成功的价值观，说明失败的价值其实还在于成功。我们每个人都可以选择自己的成功，有时你选择的成功，可能在世俗的眼中是一个最彻底的失败者，就像当年被迫靠磨镜片维持生活的荷兰思想家斯宾诺莎一样，在世俗的眼里，他肯定是一个彻底失败的人，但是在人类思想史上，他却是一个光芒万丈的人，一个非常成功的人。他在当时的世俗生活中失败了，但是他在思想精神的领域里却是出奇地成功。今天我们思想界在谈起这个人时，仍然是充满敬意的。

一个人不可能事事成功，处处成功。每个人都只能够拥有属于他自己的成功。在某些人眼中是一个顶礼膜拜的神，在另一些人眼中可能只是一个大草包，或者嗜血的恶魔。今天那些高考状元，他们的成功，可能也是标志着他们的另一种失败。因为他们可能为此付出了足够的代价。那些从千军万马中浴血奋战、拼杀出来的学子，他们可能缺乏了一份童心与爱意，缺乏了一些挫折的体验与富有情趣的活动。从网络上看到今年考上北大清华的学子们，大都一脸呆滞的样子，我就感觉好心疼。其实，他们或许被应试教育剥夺了太多的乐趣，他们也许才是受害于应试教育最严重的一族。

（2009 年 8 月 19 日）

推动世界的两种力量

尼采的《我和我妹妹》里面有一句话很有意思：

　　"推动世界的力量有两种，一是人类对金钱的爱，一是
人类对知识的爱。但是对其中一个热爱的增强必然会引起
对另一个热爱的减退。"

这是尼采在生命的最后关头，躺在医院的病床上作出的思考。
与此相类似的话，还有泰戈尔说的：

　　"小鸟的翅膀系上了金块也就不能够再飞翔"。

　　为什么这两个同样是推动世界的力量是相互排斥的呢？为什么
有时候鱼与熊掌就不可以兼得呢？对金钱的热爱为什么会降低对知
识的热爱呢？我们首先看看现实中有没有这样的现象？如果不是只
是拿特例来讲的话，我看这个话基本上还是说出了一种常态。可惜，

这两种力量中，我们似乎唯独偏爱金钱，而没有多少人热爱知识和智慧，即使热爱知识，也是因为知识与智慧能够置换成金钱。

物质极端贫乏，甚至影响到人的基本生活，就像孔乙己那样贫困潦倒，固然是要影响人们对知识的热爱，但是如果过于追求奢侈的物质生活，也一样是要影响人们对知识与真理的追求。人们经常因为有过于奢侈的物质生活而无心求学。为什么呢？如果这个奢侈生活是无限的话，那么他就不可能静下心来，因为他所关注的点就在于使自己的财富不断地增长，担心的也只是自己的财富是否流失。他为此喜，为此悲。心灵的空间完全被物质占有了，还会装得下什么别的东西吗？当然这样完全被物质占有的人也是极少数，但是物质与精神如果不是在一个平衡点上，那么天平在物质这一头增加一点，那么在精神上的那一边就会出现倾斜。人的时间与精力及心灵的空间都是非常有限的，不可能处处都显示出过人之处，更何况追求财富也是需要花费心智的。现在高校里居然把拿到多少科研经费当成一个人知识与创造能力的表现，实在是非常可笑而又可怕的，这势必异化科研。我不知道爱因斯坦与牛顿当年拿到了多少科研经费，但是我可以肯定他们两个都没有刻意去追求过经费，更不会把经费的多少作为科研成果衡量的重要标准。当一个社会没有学术传统，不懂得探究知识的方法，也享受不到探究知识的乐趣的时候，用外在的金钱与权力的标准来代替学术的内在标准就成了必然，其实这是一个学术思想文化荒芜的表现。人们已经对真正的学术研究丧失了判断力与分辨力，只有完全靠外在的东西来判断了。于是大家都始终在学术的外围地转圈圈，而始终没有真正深入下去过。

我们的物质与精神很多时候是分离的，物质里没有多少精神，而精神里也产生不出新的发明。比如，从中国的文化中看不出"四大发明"是怎样发明出来的，没有相应的原理说明，没有定律推理。

就像一个不识字的农村妇女莫名其妙地就把孩子生出来了一样，说不出任何道理的。因此，我们有世界上曾经最坚固耐用的桥梁，却没有桥梁学，更没有材料力学之类的学科出现。我们也发明了指南针，却始终不明白这里面的原理是什么。中国本来已经够唯物主义了，但是我们又从德国引进了一个更彻底的唯物主义者。可惜的是我们没有把他的思想与智慧学到手，反而把他的物质主义学到手了，而物质在这里也就成了金钱与享受的代名词。

尼采说推动世界进步的力量就是这么两种：对金钱的爱与对知识的爱。但是它们却是排斥的，鱼与熊掌不可以兼得，而需要社会的分工与合作来完成这个推动任务。可是，在我们这里自古以来却是只有融为一体，而从来没有分工合作的时候。所以，自古就是"学而优则仕，仕而优则学"。我们现在的中国人更聪明，又中庸融和了更多的因素，变成了"学而优则仕，仕而优则商，商而优则学"。

（2006 年 9 月 22 日）

第一编　追寻人性化的教育思想

为 恶的底线

一个社会再好，也不可能杜绝恶行恶德的现象产生。杜绝恶是不可能的。但是，这并不妨碍讨论恶并且正视恶的意义。一个社会的文明程度与道德水平，不是去看这个社会中最好的那些人怎样，而是去看这个社会中最坏的那些人。也就是盗亦有道的那个"道"的底线有多高。

上次我去日本考察，导游告诉我说，日本的黑社会是公开的、合法的，叫"指定合法暴力团体"，绝大多数有合法的正当职业，基本上是在遵守法律的前提下从事正当职业，特别是运输服务之类的职业。他们也有自己的帮规，也会在帮规之下，做违法的事情。但他们的衣着非常讲究，笔挺的黑色西装，白色衬衣，红色领带，皮鞋也经常擦得锃亮。而且，他们大多数基本上遵守法律与社会公共秩序，但是有时也打架斗殴。导游说，他们打架时的刀具自觉使用两三寸来长的水果刀，可以伤人，但是不容易使人毙命。我听了真是有一种耳目一新的感觉。我不知道导游这个说法在日本有没有普遍性。但是，我相信一点，日本黑社会可能是世界上最奇特的一个。

我至少相信一点就是，这些黑社会即使干坏事，也是有底线的。我当然不相信日本黑社会已经被漂白的神话，但是应该承认，他们即使是黑社会，其黑的程度也有限，至少是有底线的。

因此，我想到了，一个社会的文明程度与道德水平不是从少数的几个精英来作出判断，而是恰恰相反要从最底层，甚至是社会中最烂的那些人那里去找标准。最近经常看到动辄杀人的事件，杀人的手段也是极其残忍，动辄就来一个灭门，一家多少口，连正在吃奶的婴儿都不放过。这种事情正在我们这个社会不断地发生。为恶已经没有任何底线了。昨天又看到云南大学出了一个大学二年级年仅十九岁的女马加爵。如果三年前的马加爵事件有其苦难的人生经历为背景，而且事出有因，我尚且能够有一丝同情的话，那么，今天云南大学再次出现的这个大二年级的年仅十九岁的女生张超，却是长期被人包养的。她拿情夫的钱，去供养男朋友，最后又与男朋友买凶杀害包养自己的情夫，而且还亲手大卸 260 块，然后分尸抛尸，全过程做得专业而冷静，十分残忍。几乎完全看不出这只是一个十几岁的女娃娃所能够有的胆量，其残酷的心理素质，真是到了无以复加的地步。为恶在这里早已没有了底线。

一个社会的道德越是喜欢高标，弄出一串串的道德榜样与英雄，越是容易产生为恶无底线的社会局面。由此，我想到一个社会的道德面貌其实就是一个椭圆。椭圆的两个焦点就是社会道德的底线与上线，道德的底线与上线越是靠近，表现为常态，那么社会就越接近于一个正圆形。相反，如果两个焦点的焦距越大，那么，社会就越接近于一个扁平的椭圆形。一个社会只有道德的底线不低、高线不高，这个社会才会是常态的，才会是稳定的。不可能完全彻底地消灭与根除恶，但是，仍然可以把为恶的底线不断地抬高，而接近

于一个社会的常态。在这个问题上，价值的内核与法治的精神可能
是唯一通往一个良性的常态社会的途径与桥梁。

(2008 年 1 月 8 日)

守护教育的底线

　　我曾经在《为恶的底线》一文中说过，判断一个社会、一个民族的道德文明程度不是从最好的几个人的典型入手去作出判断，而是要从这个社会与民族中最糟糕的那个群体去寻找。

　　因为如果要比最好，总会有办法找到或者制造出几个纯粹而高尚的道德典型来供人们学习模仿，但是，这并不代表整个社会的文明水平有多高。中国的宋朝、明朝及"文革时期"都是出高标典型的时代，同时也是一个完全突破人性底线的年代，极好的与极坏的总是相伴而行。没有极坏，就不可能出现极好，凡极纯洁、极高尚的东西，都是要通过极黑暗、极腐朽的现实来反衬的。同理，作为人性的教育及守护的最后堡垒的学校，也应该用这个标准去重新审视。一个国家的教育，不是去看最好的几个学校办得如何，而是要看最差的学校办得怎样。最差的学校如果也能够守住人性的底线，也能够起到保护儿童天性的作用，那么这个社会就是良性的。

　　这里可能要把关注的主体弄清楚。作为办学的一方理应追求卓越，而且可以追求利益最大化，但是作为政府却只应该关注教育的

底线。因为政府不应该是利益的追求者，而应该是社会公平正义的守护神。关注公平与正义的方式从来就不会是最好的典型的追捧者与制造者，而只是社会中黑暗的关注者与公正的守护者。用政府公共权力来打造精英典型，这实在是太容易了。如果这样，那么确实是把人民赋予的公共权力用错了地方。我们也可以看到，大多数西方发达国家，他们的政府总是把力气花在如何促进公平与正义上，他们依法办教育，守住教育的底线。最好的学校，最好的学生，都不是政府可以打造的，而是有许多自然因素促成的。但是，最坏的学校却常常是政府失职的结果，或者干脆就是公共权力及资源滥用的结果。因而他们的社会常常关注的不是政府又做了哪些好事，创造了哪些业绩，而是关注社会的哪些问题得到了解决，最需要帮助的人群、最需要解决的问题是否得到了解决。也就是说，一个人如何才能住上别墅，吃上山珍海味，这不是政府所能够关心的，也不是政府所能够解决的。但是如何才能够让每一个人都有房子住，都有衣服穿，不至于冻死；每个人都有饭吃，不至于饿死，这是政府所必须考虑并且要予以解决的。一个人没有住上豪华的别墅，这不是政府的失职，但是有人因居无定所而冻死，有人因缺医少药而病死，有人因为食物匮乏而饿死，这些都是政府的罪过。

政府关注教育问题，不是要去打造窗口学校以作为业绩，而是要解决家庭处境最恶劣的那些孩子的读书问题。因为，无论你的窗口学校多么豪华，多么先进，只要你辖区有一些孩子因为经济困境而不能上学，这个政府在教育问题上就是失职的，就是不合格的。因为每一个人的生命都是神圣的，都是唯一的，每一个人的生命都是宇宙的中心，一个鲜活的生命得不到应有的关爱，得到不应有的教育，那么这个宇宙的中心就坍塌了。如果一定要比最好的，其比较的结果只能是把别人最基本的生存资源掠夺走，只有增加别人的痛苦，才能够体现出最好与最差之间的巨大落差。自然的竞争容易产生这样的两极分化，但是政府的力量恰好就在于能够平衡这种差距。

底线是一个安全的阈限量。一个社会不超越底线的时候，基本上就是安全的。正如一个人不可能完全没有生病的时候，但是，如果病菌没有突破人的免疫防线，那么一个人即使生病了，也还是有希望回归到健康的状况。人的身体免役机制就是这样安排的：只要身体内的病菌与病毒还没有突破人的免役体系，没有感觉到不适，我们还算是一个健康人。我们不会去追求最健康的时候应该是如何，而是只关注生病的时候，如何得到康复。同样，一个社会永远不可能没有任何问题产生，恶总是伴随人类的始终。但是为恶而不逾底线的时候，回到善就还有希望。一个社会如此，一个人也如此，一个社会的教育更是如此。一个文明健康的社会不是绝对没有恶，而是恶始终是被控制在阈限量的范围内。社会的新闻舆论、言论自由、权力之间的互相监督等就是健康社会的免疫机制，如果这些没有了，那么暴行、专制、腐败就是不可避免的。

索尔仁尼琴在其名著《古拉格群岛》中曾经这样说：

"人一生动摇、辗转于善恶之间，滑倒，跌下，攀登，悔悟，重入迷途——但只要不越过暴行的阈限——他还有可能回头，而他本人也还在我们的希望之中。当他因作恶过多，或达到了某种程度，或因权力过大而突然越过了阈限——他便自外于人类了，而且也许是一去不复返了。"（索尔仁尼琴著，田大畏、陈汉章译，田大畏校，《古拉格群岛》上卷，群众出版社，1996 年 12 月第 2 版，第 170-171 页）

一个国家的教育不可能没有问题，再好的教育也会存在着属于自己的问题。教育的好坏总是相对的，它也如人一生一直摇摆在善恶的两个极端之间一样，如果最坏的教育仍然能够保持在恶的底线之上，虽然问题多多，但是仍然能够成为保护人的天性、守护一个社会最起码的人性良知的庇护所，那么这个社会的教育就是健康的，就是在底线之上的。因此关注"底线"远比追求"卓越"要来得重要，天才般的卓越的那端是由上帝掌握的，但是人类恶的底线却是掌握在人类自己的手中。政府是人组成的，它理应守护人类恶的底线，而不是扮演上帝的施恩角色。

(2008 年 3 月 4 日)

我 们能够教给学生什么？

　　我们能够教给学生什么呢？作为人，最高素质的表现恐怕就是他的创造力了。但是，人的创造力，我们作为老师，能够教给学生吗？恐怕不能。如果能够教给他们，我们自己首先应该具备吧，否则怎么能够教那些自己都没有的东西呢？"以其昏昏，使人昭昭"，是行不通的。

　　其实，人的创造力是天生就有的。保持创造力的唯一途径就是改善我们生存与思考的环境，从而唤醒学生的创造意识和激发他们的求知欲与探究的兴趣，其余的工作就是学生自己的事了。学生天赋里的创造力是先天存在着的，只要保护好了，这就是成功的教育。所谓的创新教育，其实就是保卫儿童的教育而已。我们曾经想把天才宁铂培养成爱因斯坦式的人物，但是却使他连一个常人的贡献都没有能够做出来，后来他出家当和尚了，这自然是他个人选择，作为个人的信仰要充分尊重。但是，我们也必须反思，我们的教育为什么总是"播下龙种，却收获了跳蚤"。

　　其实，"我们只能教给学生常识和判断力"，陈丹青先生曾经这

样说过。常识与判断力是学校教育能够教给学生的，虽然这并不是代表教育的最高水平，但是，这却是最重要的，也是我们教育工作者所能够做到的，这也是教育真正的基础。面对学生的生命，一个教师千万不可自视太高，对教育也不可期望太高。教育中有许多事是社会文化环境造就的，确切地说社会制度环境对人的教育作用会远远大于我们在课堂上的辛苦耕耘。这也许是为什么原来的苏联能够出苏霍姆林斯基这样出色的教育家，能够有巴班斯基这样的教育思想家，以及巴甫洛夫、维果斯基这样世界著名心理学家，却仍然挽救不了苏联垮台的命运。

面对学校教育究竟能够教给学生什么这个问题，以下是爱因斯坦对于教育与学生素质之间关系的一些判断，也许是一个很好的参考答案。

"发展独立思考和独立判断的一般能力，应当始终放在首位，而不应当把获得专业知识放在首位。如果一个人掌握了他的学科的基础理论，并且学会了独立地思考和工作，他必定会找到自己的道路，而且比起那种主要以获得细节知识为其培训内容的人来说他一定会更好地适应进步和变化。"

"要使学生对价值即社会伦理准则有所理解并产生热烈的感情，那是最基本的。否则，他连同他的专业知识就像一只受过训练的狗，而不像一个和谐发展的人。因此，要坚决反对过分强调竞争制度，坚决反对从直接用途着眼过早专门化，因为这会扼杀包括专业知识在内的一切文化生活所依存的那种精神。"

"人们为了考试，不论愿意与否，都得把所有废物统统

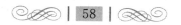

塞进自己的脑袋。"

"由于太多和太杂的学科（学分制）造成了青年人的过重负担，大大危害了独立思考的发展。负担过重必定导致肤浅。教育应当使所提供的东西让学生作为一种宝贵的礼物来接受，而不是作为一种艰苦的任务要他去负担。"

"智慧比知识更重要。"

"如果一个人忘掉了他在学校里所学到的每一样东西，那么留下来的就是教育。"

"教师的首要艺术是唤醒创造和认识的乐趣。"

"科学研究仅当不考虑实际应用，为科学而科学时，才会兴旺发达。"

（以上摘录自：李醒民著，《爱因斯坦》，商务印书馆2005年4月版，第325-352页）

以上爱因斯坦的言论对我们的教育是一个重要的启示。

（2006 年 5 月 23 日）

第二编

 寻找完善的教育制度

　　正义是社会制度的首要价值，正像真理是思想体系的首要价值一样。一种理论，无论它多么精致和简洁，只要它不真实，就必须加以拒绝或修正；同样，某些法律与制度，不管它们如何有效率和有条理，只要它们不正义，就必须加以改造或废除。

　　　　　　　　　　　——〔美国〕罗尔斯《正义论》

今日问题来自昨日的解决方案
——教育改革的今日与昨日

对管理学有一点兴趣的人大概都会知道美国的管理学家彼得·圣吉博士的《第五项修炼》这本世界性的名著。这本号称"学习型组织的艺术与实务"大全的书，确实是值得一看。

我感触最深的一个启示是作者的一个观点："今日问题来自昨日的解决方案。"在这里作者说：

> "我们常常不知道产生问题的原因为何；事实上，此时
> 你只需要审视自己以往对其他问题的解决方案，便可略窥
> 一二，因为今日的问题经常来自昨日的解决方案。"

我们也经常有一句话对此是一个很好说明："按下葫芦起了瓢。"还有一句叫"饮鸩止渴"，也从一个方面说明了这个道理。这都是在解决问题时我们往往只能顾得了眼前或者某一方面的生动写照。

我们这么多年以来的教育改革有没有这样的嫌疑？我以为是有的。当初为了教育革命，我们人为地缩短学制，取消了一切形式的

统考，特别是高考，大学停止招生达十年之久，造成了"文革"后各行各业人才的大断层。为了实现以经济建设为中心的目标，我们恢复了高考制度，大学又开始恢复了培养人才的功能。但是，现行中国的高考制度几乎成了中国人才的唯一通道。因此，全国范围内千军万马过独木桥的壮烈景观在中国形成了。中国千千万万的学子，为了考上大学，在考场上的竞争成了生死存亡的关键，高考的业绩也就成了教育业绩评价的唯一标准。中国的教育是在为培养考试的机器服务。因此教育繁荣了，但是科学与学术领域内的创新人才却仍然远远不能与世界强国相比，国家的综合竞争力每况愈下。因此，国家为了培养创新人才，提倡素质教育。但是素质教育轰轰烈烈地搞了近10年，由于基础性的问题没有解决，所以我们的教育出现了这样奇怪的现象：素质教育喊得轰轰烈烈，应试教育搞得扎扎实实。寻找原因，似乎是因为没有找到实施的切入口，因此我们把素质教育这个大理念具体化——这样就开始了所谓"新一轮的课程改革"，企图从课程改革入手把素质教育改革深化下去。教育改革的人马换了一批又一批，你方唱罢我登台，各领风骚三五年。素质教育与新课程改革理念都是非常好的，可惜的是实施的效果却不尽如人意。一方面说明改革确实是艰难的，另一方面也说明改革本身存在问题。

新课程改革一启动，大家似乎都非常积极，至于真正能够改得怎样，改到哪里去，能够改到什么份上，往往并不是积极提倡改革的人们所真正关心的。某些参加教育改革的人说出了这样的心声："教育改革无所谓成功还是失败，只要改下去就是好的。"我曾经问过一个经常频繁地修改同一条路的筑路工人，为什么同一条路要这样反复地修却总也修不好？他对我说："我们从来不考虑路能不能修好的问题，我们只考虑自己能不能够不断地有路可修。"这样说，就有点折腾的味道了。回想二者的回答可谓是有异曲同工之妙。

这种做法好比一个人的身体素质太差了，怎么办？寻找出身体上的一点肌肉来锻炼。企图从这点肌肉的发达引发整个身体的健康。新课程实施时发现应试教育的问题是上大学难的问题，于是扩招政策出台。经济出现持续低迷，怎么办？因此把教育产业化，当成一个经济的增长点。于是义务教育成了"人民教育人民办"。大学扩招后，一所所大学就这样被办成了"现代化的养鸡场"（潘懋元先生语）。于是最为资深的科学家，也忍不住发出了这样的呼声：中国的大学没有一所办得有自己的特色的。这句话道出了中国为什么始终没有一所大学进入世界一流之列甚至二流都成问题的原因。

扩招后，又面临几近半数大学生、研究生毕业即失业的困境，但是中国大学生人数在人口中的比例实际上只相当于日本的几分之一。解决这个问题的出路似乎在于鼓励更多人的创业，但是创业的环境怎样呢？扩招了，没有能够很好地解决高考竞争压力过大的问题，反而促使了愈演愈烈的升学率竞争。只不过，升学率，变成了"重点率"与"名牌率"，甚至"北大清华率"而已。面对这样的困境，下一步该如何是好？我们发现我们其实是一直在头痛医头，脚痛医脚。每一个问题的解决方案，都是最终引发了社会的一系列问题，每一个小问题的解决都引发了非常大的问题来临。因为，我们一直没有寻找到问题的核心去做实际上的变革，甚至是面临核心问题而无动于衷，反而企图绕过这个核心问题。

什么核心问题呢？就是实施了几千年的，已经走到了穷途末路的"伯乐相马"式的人才流动模式。现有情况下，实在是需要换成一个"万马自由竞奔"式的人才流动模式了。我们已经看到，高考竞争激烈是因为这个社会除此之外很难有其他的什么出路。我们迟迟不敢进行高考改革是因为我们这个社会非常缺乏诚信体制。而缺乏诚信体制，首先是信息不透明，不公开，使任何的改革都可能会走向当初愿望的反面。

历史是一条源远流长的河。世界的复杂性并不以绝对权力的意志为转移。我们每一个致命的自负行为都产生了意想不到的恶果。如果我们的教育改革只是利用不断集中的教育权力，并且不断地人为制造教育的不公平，每制造一所所谓的优质学校就要牺牲十所甚至百所学校的起码的生存条件，那么在欢欣鼓舞之时就是更大灾难来临之日。被剥夺的一切总有一天会要你加倍偿还。任何改革都不要忘记了，今日的问题是来自昨日的解决方案。正如任何一个病毒都可能是来自于上一次的药方一样，那么明天的问题也是来自今日的方案了。但是我们审视过今天所做的一切吗？

(2006 年 8 月 31 日)

我国新课程改革：欲说还休的教育改革难题

对于教育改革，我们还是不要忘记联合国教科文组织早在 1996 年向全世界各国发布的一个报告《教育——财富蕴藏其中》（教育科学出版社，1996 年 12 月版第 14 页）对于各种教育改革的警告：

"要采用长远的战略和方法来设计教育改革……过多的连续不断的改革势必扼杀改革，因为这样做不能给现有制度留有吸收新思想和使所有有关方面都能参与改革过程的必要时间。此外，正如过去的失败所表明的，许多改革者采用的是一种过于激进的或过于理论化的方法，他们无视从经验中吸取有益的东西，或否定过去的成绩。因此，教师、家长和学生都受到干扰，不大愿意接受和进行改革。"

"自上而下或从外部强制推行教育改革的种种尝试显然都失败了。"

这些话应该看做是我们正在进行着的教育改革的一个警世恒言。

对当前我国正在实施着的新课程改革，我有几个基本的判断：

第一，这是一个学习西方课程，特别是以美国课程为代表的教育改革行动，这是必须的。

因为打开眼界来看世界还是非常必要的。中国与西方特别是与美国的差距仍然是巨大的，其中的原因不能说没有教育特别是课程的一面。我国的课程设置要认真学习西方的做法，特别是他们的基本理念，这一点是无可怀疑的，但是新课程的基本理念的"新"其实只是相对我国传统教育而言的，如果放到国际背景中去，特别是与欧美国家做一比较，就可以发现新课程其实并不新。许多新课程理念与许多做法在西方甚至在古希腊时代就留有深厚的根源。新课程理念其实就是西方科学思想与科学精神在教育实践中的运用。在一个极其缺乏科学素养的民族中实施新课程改革，其天然的难度是可想而知的。但是令人奇怪的是，我居然在众多的新课程改革专家的演讲和论著里读出了浓厚的"反科学"味，比如，一谈教育对学生的压迫与异化，科学就成了主谋。其实，科学技术可能异化，但是真正的科学精神却是很人性化的，科学不会产生永久的权威，更不会形成压迫。她最不需要装神弄鬼，也不需要暴力，科学是讲道理讲证据的，凡需要诉诸暴力的地方都是不讲道理的，都是反科学的。科学与以人为本其实是一回事，否则就很难理解，为什么在和平年代里的种族灭绝性的杀戮总是出现在科学极不发达的国家或地区，而不是出现在科学特别发达的国家或地区？因此，教育必须要有科学的发展观，而不是传统的发展观。

中国教育思想里其实什么都不缺，唯独缺的恰恰是科学的方法与科学的精神。这可能是我们迟迟难以实现现代化，难以真正有科学与民主的启蒙的一个原因吧。我们在西方文化面前还是暂时不要轻言创新为好，先像日本人那样把西方的东西扎扎实实学到手再说，否则所谓创新只会给历史留下笑话而已。当年邓小平先生曾经批评过的"风庆轮事件"，就是一个在封闭落后而不自知的狂妄心态下惹出来的国际笑话。

第二，仅有课程方面的改革是远远不够的，如果没有教育体制改革作为配套措施，这样的改革是不会有良性结果的。

其实仅有教育体制改革也还是不够的，还必须有社会体制方面的变革，才可能会有良好的实施效果。很显然，正如人的身体不会某一点肌肉特别发达一样，教育改革也不会在某一点上单独取得成功。当年的日本人在明治维新中决定向西方学习时，提出的口号是"脱亚入欧"，甚至"换人换种"，这是何等地彻底，需要何等的勇气呀！他们这样想了，也这样做了，才有了现在高度发达的日本。联合国教科文组织国际教育发展委员会早在 1970 年编辑出版的《学会生存》（教育科学出版社，1996 年版，第 88 页）一书里曾这样明确说过：

> "教育是附属于社会的一个体系，它必然反映着那个社会的主要特征。在一个不公平的社会里，希望有合理的、人道的教育，这将是徒劳的。一个官僚主义的、惯常脱离生活的体系会感到难于接受这样的想法，即学校是为儿童而设立的，而不是儿童为学校而生存的。上面发号施令，下面唯命是听，建筑在这样的基础上的政权，不可能发展自由教育。在工作一般处于隔绝状态的社会经济条件下，要想培养学生爱好创造性的工作，这将是困难的。人们又如何能够想象由特权和歧视所构成的社会可能产生民主的教育体系呢？"

在轰轰烈烈的改革大潮中，要让一些人保持冷静的头脑，也要让一些人说一些有现实根据与符合逻辑理性的不同意见，这对改革是有好处的。

第三，新课程改革既不是可以单独能够完成的改革，更不是在短时间里就可以完成的改革。

教育是百年大计，不可能是急功近利，也不是毕其功以一役就可以大功告成的，而是需要做长期的准备工作，而且工作要一件一件去做，问题要一个一个地提出来，摆上台面，然后一个一个地去解决，把工作做细，做扎实。改革是触及现实的行动，而不只是学术理论之争，所以改革的工作不能是在高空的平光镜上滑行，而要在粗糙的地面跋涉。那种面对现实问题而采取掩耳盗铃的鸵鸟策略式的改革是不会带来什么实质性的良性效果的。当我听到有新课程改革专家面对来自一线教师提问新课程改革后高考怎么办时，竟做出了这样的回答："要谈高考就不要谈改革，要谈改革就不要谈高考。"（成知辛，《教改中的偏差》，《明日教育论坛》第二十五辑）广东作为新课程改革的实验省，广东教育学院教育系在今年（2005年）上半年，曾经外派出几十位教师对全省实施新课程改革的十几所中学调查，发现重点中学根本没有多少改革的动力，而薄弱学校倒是很有热情，可惜无论在师资力量、生源质量与教育设备各个方面都与新课程改革的要求相去甚远。实质的问题成堆却没有多少人真正去关心。我感觉到了这个改革正在向高空的平光镜上快速滑行而去。在这样的情况下怎么可能真是"为了中华民族的复兴，为了每位学生的发展"？打个什么招牌并不重要，实质利益才是关键。

（2005 年 11 月 20 日）

"给学生减负"其实是一个伪问题

　　"给学生减负"，是个旧话题，但其实是一个伪问题。这种伪问题就是没有答案的，即使有了答案也不会有好的办法来解决。在刚刚结束的全国政协十届四次会议上，王渝生委员指出，当今学生负担为何减不下来的直接原因是"教育主管部门为了政绩不让减负，家长怕输不起不愿减负，学校为生存不去减负，学生自然也就不能减负"。如果说这是问题的直接原因的话，那么接下来怎样来做呢？是不是把这些原因前面加上一个"不要"，措施就是"主管部门不要为了政绩，学校不要为了担心生存不下去，家长不要怕孩子输在起跑线上"就可以了呢？问题就可以解决呢？这只是一厢情愿的。其实远没有这样简单。

　　可以这样说，学生负担问题是一种现象，但不是一个问题。我们可以来分析这个现象，却难以把它当成一个问题来解决。这也不难理解为什么"给学生减负"问题提出来以后，教育主管部门也出台了不少措施，但是效果不但不明显，反而有愈演愈烈之势。其实每个现象都是由许多其他因素复杂地盘根错节地纠缠在一起形成的。

这就是研究与解决教育问题为什么不得考虑它所处的时代与所处的社会的特征的原因。如果单纯从教育上来分析这个现象，不要说能不能改变，就是要有一个清楚明白些的说法都是不太可能的。

首先你怎么可能要求上级主管部门不追求政绩？自上而下都在被一种叫"政绩"的东西死死地驱赶着。那么多的权力部门要总结自己的政绩，那么多的公务人员要靠这些"政绩"往上爬。什么都有人管，什么都被管得死死的，而且动辄要从娃娃抓起。我去过几次香港，在香港就没有这样多的人在追求政绩，他们的公务员是比较保守的，也就是说在不违法的情况下尽本分职责就可以了。学校里的事大多还是学校自己独立自主地来安排，政府只给个指导性的意见，没有那么多的考核检查的职能。即使是学校里的事，也有许多是由社会民间组织机构来承担的。

前些天听说山东有教师模仿当年湖北的一个乡镇党委书记李昌平向总理上书痛陈"农民真苦，农村真穷，农业真危险"的方法，也以"学生真苦，老师真累，教育真危险"上书中央，痛言当今中国教育之弊，期望政府拿出一个解决的办法来。其实这是可笑的。农民的事毕竟不同于学校的事。农民的事说到底只是钱的事，这好办。教育的事就不只是钱的事这么简单了。教育体制改革若没有其他社会体制改革的配合，其实一切都是空的。我们在这样的情况下天天喊"给学生减负"犹如"钟馗打鬼""狂犬吠影"一样。

在以上的这样追求政绩的情况下，学校上要面对有政绩的要求，下要面对众多的来自社会的压力，也实属不易。前年，南京市的高考成绩不理想，不仅学校有了压力，而且上级教育主管部门的压力也非同小可。如果以"人民满意不满意"为政绩标准，这种压力就更不会小了。整个社会都在骂教育主管部门的无能。清华北大的学位都被一些不起眼的苏北落后的农村学校里的学生考取了。孩子将来的前途就这样被定格在一个普通学校里，家长怎么不会生气呢？学校在这两头受气的过程中简直就是战战兢兢，如履薄冰，为了万全之策，不拿更为弱势的学生开刀，拿谁开刀？

　　学生负担重也不能拿家长说事，归咎于家长。每家就这么一个小孩。虽然说人生道路不止三百六十条，但是若没有过高考这根独木桥，实在看不出前途在什么地方。连社会的入场券都没有拿到，靠什么去与人竞争啊？想要弱化文凭这可能吗？一是当前的社会资源极其贫乏，拿文凭其实就是增强一种社会资源分配的资格。现在有多少人读研究生、读博士是为了学术研究呢？无非是增强一种就业优势而已。说白了我们中国教育就是"读书皆为稻粱谋，文凭只为黄金屋"而已。就业的机会又是这样少，创业的环境还很不完善。除了个别特别有天赋的与有特殊背景的外，一般人还是不敢轻言创业的。还是老老实实弄个文凭，最好是名牌高级文凭，竞争一个岗位，混口饭吃才是现实的。

　　人才靠万马奔腾，而不是像我们这样几千年来的伯乐相马。万马奔腾的社会也可以有文凭，但正如给奔跑着的马贴一个标志，上面写着"好马"一样，人们虽然也可以借助这个标志作判断，但是人们更看重的终究还是这匹马现在跑得如何。现实呢？马都被关在马厩里让伯乐来相。既不让马跑，也不让马吃，那么伯乐凭什么来相马呢？何况能当伯乐的人又大多是岁数大的，老眼昏花了的人，只有完全凭马屁股上的标签了。这马屁股上的标签如果写着"北大"或者"清华"，那么自然就是千里马了，自然就享受千里马待遇了。至于能不能跑千里，那就没有什么关系了。反正真正的千里马也不一定能有资格参加比赛，因为他们根本就没有入场券。在社会诚信程度相对较低的情况下，其实也只有考试才算是公开公正一点。而且只能是死板的书面考试，才可能公平公正。尽管代价很大，但是回想自己的人生若是没有了这样相对公平的考试制度，像我们这样的农村孩子的前途，真的还只能是"脸朝黄土背朝天"了。就是城市里的孩子也不会有一个相对公平的竞争平台，因为社会公正与诚信远远没有实现。在这种情况下轻言学习美国，弱化文凭，放弃考试，这简直是站着讲话不知腰疼。

从微观来说，学生的学习早已经是没有兴趣了。为什么没有兴趣？因为他们既不懂得真正的科学思维，又缺乏科学发现的兴趣，而所学的知识又常常是一些为了应付考试之用的伪知识。这样的知识是与学生自己的实际经验相脱离的。学习的乐趣从何处来？没有求知兴趣与发现快乐的学习岂能不感到枯燥乏味吗？但是我们的政府检查团如果要检查减负问题，一定又会拿出天平来称学生书包的重量了，再看看学生做作业的时间。因为这些他们是可以检查出来的。其实，我们就忘记了学生一旦有了学习兴趣的时候，你很难说多少作业量与多长的作业时间是最恰当的。何况学生与学生也是有很大不同的。当年初中，爱好几何时，我可以连续几个晚上沉浸于解题的乐趣之中，并没有感觉这就是学习负担；每天要求自己写500字以上的日记，也没有感觉这是学习负担，反而是一种乐趣。为什么？在伪知识与伪学习面前，是最痛苦的了。他们体验不到任何学习的成功感与快乐感。现在那么多的学生喜欢玩网络游戏，连续好几个小时都不感觉累，为什么啊，因为这里面有成就感，有发现的快乐，也有竞争成功的快乐，却不会有竞争失败的社会严重后果。

如此看来，一个"为学生减负问题"牵扯到这么多复杂的问题。这其实已经不是一个简单的减负问题了。可感知，却无从解决，或者说没有办法从一个简单的方向入手来解决。因此我认为在目前的情况下"给学生减负"的问题就是一个伪问题。

（2006 年 5 月 26 日）

陈省身眼中的中国数学与中国教育

陈省身先生是一位有很高的国际知名度的数学大师，是中国数学界的骄傲。1984 年，因为他在整体微分几何上的卓越成就，而与他的学生丘成桐先生一起获得数学界的最高奖——沃尔夫奖。他一生先后求学于南开大学、清华大学、德国的汉堡大学、法国的巴黎大学，以及美国的普林斯顿大学，学习与研究数学，每一处都师从国内外第一流的数学大师，由于他卓越的数学天赋及长期的勤奋努力，他取得了举世瞩目的数学成就。

在陈省身先生 90 岁那年，他发表了《九十初度说数学》一文（全文见文池主编，陈珺执行主编，《宇宙简史》，线装书局 2003 年 1 月出版，第 392-407 页）。在文中，陈先生对自己一生的数学研究的心得体会做了一个总结，这个总结给人以很深的启示。虽然陈老先生说的是数学问题，其实也是我国整个的学术研究制度、教育制度及文化界应该好好反省的珍贵资料。

陈省身先生的求学经历及研究经历给予我们的教育制度这样的启示：

第一，要成就大师，一定要有选择那些有学术天赋的可造就之材来锻造的制度保障。陈省身先生自己就是因为在南开大学理学院里因为不擅长做实验，先后选择学物理、化学、生物学，都失败在实验室里，因此，整个理学院只有数学可供他选择，而他恰恰就是擅长数学思考的，是一个特别有数学天赋的人。教育顺应人的天赋是非常重要的。陈省身先生在说到自己为什么选择数学研究时，他说：

> "我中英文都不好，又不会做实验，就只好读数学了。这个答案其实相当近真。现在想来，我的读书路线，实在是早就确定的。比之多才多艺的人，我的选择问题较简单，一生受此益处不浅。"

假如按照我们现在的升学标准，陈省身先生小时候算不上一个优秀学生。他当年考进南开大学，只有数学成绩是考了第二名的，其他成绩几乎不及格，也就是因为数学成绩特别好，因此把平均分数拉上了一点，说起来陈省身先生当年算是勉强考上南开大学的。去了南开大学理学院后，第一年是不分科的，结果，必修的几门课，如物理、化学与生物课程都学得非常勉强，所有的实验都不会做，只有不需要做实验而与数学思辨有密切关系的部分，他才能考得比较好。这说明天才往往不是全才，而可能是一个偏才、怪才；全才往往是做不成天才的。但是，目前，我们的教育选拔方式就是要样样齐全，科科优秀，越是薄弱而头疼的科目越是要你认真去学。陈省身先生年少的时候就对数学感兴趣，一生研究数学并且取得了辉煌成就。这足够给予我们以启示。

第二，要成就大师，教育制度一定要创设浓厚的学术研究环境。

陈省身先生一生幸运的是遇到了无数个专心数学研究的一流大师。在南开数学系里遇到过当时国内数学界大师级人物姜立夫先生、钱琢如先生等，还有一批同样出众的学友，如吴大任先生、吴大猷先生，在清华又遇到熊庆来先生、孙光远先生、杨武之先生、郑桐荪先生，还有后来与陈省身一样大名鼎鼎的同学华罗庚先生。在国内打下了深厚的数学研究基础与培养了浓厚的研究兴趣，打下了扎实的数学学术研究的基本功。那时他们在大学里只讨论学术研究问题，只要在一起大家很快自发地参与到当前学术前沿的重要问题的讨论上来，学术研讨的气氛十分浓厚。陈省身先生便是在这样耳濡目染的学术气氛中成长的。后来陈先生去德国的汉堡大学、法国的巴黎大学及美国的普林斯顿大学研究数学，所遇到的世界级的一流数学大师更是灿若群星。与这些当时世界一流的数学大师做学术思想交流、碰撞、磨砺，陈省身先生的数学天才得到了淋漓尽致的发挥。特别是在法国巴黎期间，当时法国的数学是世界一流的，陈省身先生到巴黎后师从的是世界级数学大师嘉当。嘉当是陈先生在德国数学讨论班上认识的一个数学家，是一个伟大的数学天才。他的数学论文奇异难懂，但是他的数学方法与数学思想又是要取得更进一步的数学研究成果不得不深入了解的。陈先生这样描述当年去巴黎拜见大师的情景：

> "1936 年，我抵巴黎，即去谒见嘉当。嘉当先生不但是
> 一位伟大的数学家，而且为人谦和随便，也是最好的教员。
> 他只讲法语，我能听懂，但在最初几个月，答复只好用笔
> 谈了。他每星期四下午在办公室接见学生，门口排长龙。
> 两个月后，他同我说，可到他家去谈。我每两星期去一次，
> 每次约谈一小时，没有闲话（我的法文也不够谈闲话）。他

的意见甚多，材料熟悉，简单的问题，时常立刻有答案（有时我要花几天才得同样的答案）。会见后通过信件，继续讨论我们的问题。我直到1937年7月离巴黎返国，10个月工夫全力应付每两周一次的嘉当会见，所以工作努力而精神愉快。这时期共发表三篇论文，但工作范围远超出这些论文的内容。"（陈省身《九十初度说数学》）

交流探讨及独立思考两者是不可偏废的。陈先生说，后来回国后，这样的交流探讨机会就因为大师少了，而没有能够持续下去，但是，这段时间里，法国巴黎的嘉当仍然利用自己的图书资料优势，源源不断地给陈省身先生寄赠学术资料，仅他自己撰写的论文就有6 000余页，全部复印寄赠给回国后的陈先生，使陈先生的学术思想在回到国内后仍然能够保持国际前沿。这段时间，独自思考摸索成了陈先生的主要工作，他说"学术固需交流，有段闭门精思的时间也是有益的"。在美国普林斯顿大学求学期间，陈省身已经不是单纯的学生，也已经是有一定国际知名度的大数学家，但是在这里遇到的世界一流数学大师仍然令他十分崇拜。当时普林斯顿大学最有名的数学教授是赫尔曼·外尔，他们之间长期切磋学术问题。大师级学术人才的成长，一个良好的学术环境是必不可少的。没有大师，便没有大学，无论楼建得多高多漂亮，都是毫无意义的。

第三，提携新进。学术思想的研究工作不是一蹴而就的事情，不可能在短时间里就有立竿见影的效果，必须长期专心致志，而且仅有一代人的专心研究仍然不够，还需要有世代的学术梯队。以老带新，承上启下，不时有新鲜血液，让新人带着新的思想火花进入学术研究的园地。学术是一个需要专门训练的工作。学术人才必定是要有专家引领、精心培养才会有的。作为学术前辈，及时发现具有天赋的人才，然后大力培养，提携新人，是很有必要的。当时，陈省身先生自己就是得到不少学术大师这样的关照与提携的。他自己在美国学成回国后创办了数学研究所，并大量搜罗有天赋的学术新秀，每周亲自给学生上 12 个小时的课，引领新人进入数学的殿堂，体会数学研究的奥妙与乐趣，使当时中国的数学研究后继有人，群星灿烂。在学术研究的问题上，只有一个提携学术新人的标准，那就是新人在学术研究上的天赋及研究的兴趣。导师不带任何其他个人的外在目的来提携真正的学术研究人才，也不是把学术研究当成一种获取其他功利目的的筹码。陈省身先生一生正是这样的，在学术研究面前只讲究学术标准，不论资排辈，谁有创见，就为谁道喜鼓掌，并且提供进一步研究的条件。

当年陈省身先生初到德国的汉堡大学，还没有正式入学，导师布拉施克先生就把自己最新写就的几篇数学论文交给他学习，他在学习的过程中发现其中一篇论文存在着漏洞，立即给导师指出，布拉施克先生听到后非常高兴，立即让他利用暑假时间把这个漏洞补上。陈先生利用两个月的时间写成了一篇学术批评论文，发表在1935 年的《汉堡大学学报》上，布拉施克教授因此对这个中国弟子刮目相看。这就是一种纯粹的学术研究，探求真理的精神。如果没有这样的精神，可以想象，一来就给导师新近写就的最得意的论文提意见，写批驳文章，真是大逆不道，违忤师门，按照我们的师道尊严的传统，这是非常要不得的。陈先生说："博学很有用。但有的人对学问本身没有兴趣，更看重个人的利益。"如果遇到这样的教授导师，那么对其弟子在学术问题上的挑战就会不能容忍，学术的话语霸权就会产生作用并且制造严重的后果。在中国的大学里，那些优秀的后学们在学霸的高压下，一个个大气不敢出，大半辈子苟延残喘于学阀的阴影里，或者匍匐于门户之见的门缝里大气不敢出。

像陈先生当年青年才俊之时就那样在数学研究界锋芒毕露、崭露头角，甚至咄咄逼人，在目前我们的学术环境中是根本行不通的。现在中国的大学越是名气大、资历深的教授越是不与本科生接触交流，甚至不与硕士、博士研究生接触，不去做发现新人才的工作。在中国到处搞大学城之后，把一堆学生弄到荒郊野外，大学城其实就是"学习集中营"，不要说见大师，连普通的教师都难得见一面，这种办学方式纯粹是在浪费钱财，糟蹋后学，最终人财两空。

第四，应该承认，近现代的学术研究在中国的根基十分薄弱，因此中国的学术思想一定要时刻与国外最先进的国家保持联系，形成学术交流的制度与传统。这样才能够慢慢与世界第一流的学术研究接轨，不但在直接的学术研究成果上与他们接轨，而且在学术研究的方法与学术研究的风气、制度及大学的研究精神方面也向人家看齐。万不可为了中国的面子，故意另搞一套，甚至企图以"国学"来掩盖这种学术研究的薄弱，这是要不得的。中国一定要在学术思想研究领域养成并保持向世界一流国家的一流大学开放的传统。封闭起来搞学术研究是不可能会有什么好结果的。无论一个国家，还是一所学校，甚至一个学科，只有不断接受新的思想信息，不断追寻学术问题发展的前沿，才会保持自己的先进水平与研究的生命活力。学术的生命在于讨论，在于不断地接受挑战，无论这个挑战来自哪里，只要是学术标准上的，就应该谦虚接纳，认真对待，不论对方的身份资历来头如何。

第五，政府不要对学术研究的问题干预过多。学术问题有学术问题的规律。学术研究的问题不是政府官员能够了解的。即使是由专家入仕途，也因为长期不在学术研究的圈子里，不可能有心思持久地追踪学术研究的新进展，因此动辄对学术研究问题指手画脚是不行的。中国本土的数学家很多，却出不了大师级的人才，为什么？

原因虽然复杂多样，但是最根本的原因就是政府干预过多，使得数学家们为了尽快出成果，频频寻找那些没有什么出路，但是能够在短时间里见成效的"坏"题目来做。而不敢找那些有重大价值，但又需要长期潜心研究且风险很大的问题来做研究。中国要出学术大师，陈先生的见解是：

"头一个是工作的人要多，第二个是要有空气。不能够说，要多少钱就给多少钱，要什么设备就给什么设备，然后就说你要得奖，这样是得不到的。经济上的帮助当然是需要的，但这还不是最主要的，还要有一个态度问题。"（陈省身著《九十初度说数学》）

我们错误地以为单纯用钱是可以"堆"出世界一流大学及世界级的学术大师的。其实政府给完钱后最好不要直接干预学术研究，要给以学术思想独立与研究的自由。在这里陈省身先生的告诫是值得重视的。他说：

"顶有出息的小孩，很少是父母管出来的。小孩有能力，有机会，自然能发展，你管凶了，那就糟了。了解了科学的重要，增加科学研究的经费，当然是好的现象，但是管得太凶不行。对于科学研究，不能事事都要计划。最好的科学是没有计划的，是发现出来的。X光是怎么发现的？是伦琴晚上到实验室，发现这个光太怪，于是去研究，才发现了它的特殊性质。最重要的发现不是上边有个支持，然后跟着做就做得出来的。"（陈省身著《九十初度说数学》）

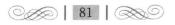

这一段话，可谓是一个 90 岁的老人研究一辈子数学，学遍世界一流大师及一流学府得出的最切身的体验。前年（2006 年），90 高龄的著名物理学家钱学森先生在病床上对前来探望他的温家宝总理说，中国的大学出不了世界级大师，这是一个值得探讨的问题。后来，温总理还特意召集了国内许多名牌大学的校长与教育专家来咨询、会诊这个问题。其实，这个问题的答案早已经在陈省身先生的这篇《九十初度说数学》的文章里了。

第六，我们无论教育还是研究或者文化，都存在着一个普遍的毛病就是太功利，太追求实用性。总是把研究高深学问的人，研究抽象问题的人，看成是"怪人"或者"怪物"。因此陈省身先生说："中国没有出牛顿、高斯这样伟大的数学家是社会的、经济的现象。"

> 他说："假如有个外国人住在这里，他很可能会研究这里有什么虫子，小虫子有多少种，有怎样的性质，是不是还有什么方法可以利用。但中国人往往不做这个。中国人很实际，对于能吃的就有兴趣，至于其他的往往就没有兴趣。"（陈省身著《九十初度说数学》）

这里可谓一语道破中国教育传统与学术研究弊病的天机。中国文化传统就是注意实用的，太功利。如果一个东西不能够折算为金钱，或者权力之类的东西，便毫无价值。中国传统的数学为什么进不了近现代的高等数学领域？就是因为中国的数学用急功近利的眼光强烈地排斥看来是毫无用处的复数。中国的数学家不会去考虑"根号负一"这样的概念有什么意义，一个数的平方怎么可能等于"－1"？其实根号负一重要极了，因为复数的计算比实数的计算简单得多，如果没有复数，就没有电学，就没有量子力学，所以就永远走不到这条路上去。有时候讲应用，眼光要放长远些，视线放得更远一些，也许它的应用会更大。很有意思的是，数学家觉得哪些东西有意思，那些东西里边就必有某种规律，有规律的东西就必然有应用。实际上，真正抽象的数学最有应用性，可惜政府、教育界中有些要人还不明白这个道理。

学术研究工作是有自己独立的价值与独立的空间的一项事业，是要有一点超乎寻常功利心的态度的人才能够潜心做好的。政府不是万能的，尤其是在学术研究领域，干预越多，损害越大。一个国家的教育与学术研究绝对不能够太功利、太实用化。学术传统与大学精神的形成是一个需要百年甚至千年轮回涵养的工作，是需要数代人持久专心，不断努力才能够见成效的工作。陈省身先生告诫说："中国还没有自己训练成的第一流科学家。"要清醒地意识到我们在学术研究上与世界先进水平存在着巨大差距。

（2008 年 5 月 12 日）

第二编 寻找完善的教育制度

蚂蚁的社会与人类的世界

　　一个民族如果缺少仰望天空的习惯，缺少起码的超脱世俗功利的关注，那么无疑就是等于精神空虚与缺乏学习的热情与动力。如果我们能够在世俗的忙碌中分出一份清闲观望浩瀚无垠的天空，就会知道人类社会，包括地球在太阳系中的过分渺小，在银河系里更是微若粉尘，在宇宙中则如海洋中一个水分子一样。但是，地球却是我们人类生存的唯一家园。地球的力量有多大，只要看看，他只是轻微地把肚皮颤动一下，人类的无限灾难就要来临。但是，我们世世代代只知道"学而优则仕，仕而优则学"，只知道书中有这个，有那个，就是没有宇宙，没有想象力，没有一些形而上的人文关怀。

　　现在，我们随着比利时著名科学家普利高津去蚂蚁的社会里一游，我们就会知道即使地球上的生物世界，它们的奥秘也是无穷的。即使是最不起眼的昆虫——蚂蚁，它们所组成的社会，仔细研究一下，也会发现它们有许多奥秘，有许多成功的东西是我们人类所远远不及的。当我们人类世界处于一片混乱之中的时候，蚂蚁的社会，这种在我们看来是多么微不足道的小生物却是组织良好、秩序井然。

普利高津说：

"蚂蚁社会是非常成功的，比我们人类社会成功得多，因为对应于每一个人就要有上百万只蚂蚁。如果你算一下生物质量，蚂蚁的生物质量大约是人类的十倍。因此，什么是蚂蚁社会成功的原因，这是一个很有趣而神秘的问题。单就一个蚂蚁来说，它的行为是杂乱无章的、偶然的，然而整个集体又有着非常一致的行为。有一些蚂蚁社会是很小的，只有几百只蚂蚁，也有些非常大的蚂蚁社会，有几百万只蚂蚁。有意思的是，当你从小蚂蚁社会观察到大蚂蚁社会时，你会感到通讯这个概念变得越来越重要。小蚂蚁社会的特点是单个寻找食物。随着社会的增大，这种通讯方式在有组织地寻食过程中就显得越来越重要。在一定意义上讲，蚂蚁所应用的问题与我们今天这个人口日益增长的社会所面临的问题类似，我们也需要把我们所应用的通讯方式加以改造。"

"此外，非常有兴趣的是蚂蚁通讯本身并不准确，它并不是由一种非常确定的方式来进行的，它总给单个蚂蚁留下一些主动性。如果有一只蚂蚁在某处发现了食物，它就把这个信息传递给窝里的其他蚂蚁。但是并不是所有的蚂蚁都到达了那个地方，有些却到达了其他地方。这种通讯的不精确度恰好使得它们能够发现许多新食物。因此，这种不精确的通讯方式倒是使蚂蚁社会改进之源。"（比利时科学家普利高津 1986 年 2 月 19 日上午在北京师范大学的演讲，收集于陈珺主编《宇宙简史》，线装书局 2003 年 1 月版，第 419 页）

普利高津还列举了一个蚂蚁的例子：

"我们观察由 6 000 只蚂蚁组成的社会，给每只蚂蚁编号，这样可以观察到每个蚂蚁的个别行为。然后将这些蚂蚁装进两个连通的盒子里，而将他们的窝放在其中的一个盒子里，再将他们干扰一下，即把它们的窝从一个盒子搬到另一个盒子。这时你就会看到蚂蚁把它们的蛋、做窝的材料等所有的东西又搬回到原处。在此过程中，有些蚂蚁干活非常卖力，而另一些什么也不干。然后把这两类蚂蚁分开分别重复上面的实验。我们发现懒蚂蚁也开始干活了。由此可以看到他们对内部和外部环境非常敏感。"（比利时科学家普利高津 1986 年 2 月 19 日上午在北京师范大学的演讲，收集于陈珺主编《宇宙简史》，线装书局 2003 年 1 月版，第 419 页）

由此可见，到目前为止，人类社会的发展仍然必须是向自然界学习甚至是向蚂蚁社会学习的过程。一个忽视自然，忽视浩渺的星空，也忽视那些看似微不足道的生物世界的民族是不可能会有什么真正的科学研究与科学发现的。所谓现代民主法治社会，就是向蚂蚁社会学习得比较成功的社会。在这里你可以看到蚂蚁社会里已经具备了成熟的民主法治社会的全部特征：信息通畅，信息来源多元，有共同遵守的公共规则意识，又有个人主动性与自由意志，给个人以发挥能动性的一面。但是，这样的社会最重要的就是信息的通畅与多元。如果蚂蚁社会实施严格的信息控制，那么上百万只蚂蚁所组成的社会就不可能有效地觅食，以及抵抗外敌入侵及实施有效的规避灾难的有组织的搬迁运动。蚂蚁面临的生存与灾难同人类一样，常常是不可抗拒的，但是，蚂蚁可以事先获得这种信息，及时反馈信息，并且把这种信息传达得非常充分，而且还组织安排得很好，使得蚂蚁能够及时调整自己的行为，从而有效地迁徙到安全的地带。但是人类社会目前只有良性的社会才会初步具有这种功能，而更多的社会仍然达不到这种效果。

充分地传达信息，让信息自由地表达，让每一个社会成员充分了解与理解是一个良性社会的前提条件。

由此可以看出，一个良性的人类社会就是善于向自然学习的社会。到目前为止，良好社会的良性教育也是向大自然学习的过程与结果。所谓民主法治社会也是向自然学习的结果。经济要通过市场协作与竞争取得最理想的效果，政治权力也是如此。通过公开竞争，全面协调，以保证权力获得者的生机与活力，同时又保证公共权力能够有效运行，还能够保证公共权力受到有效的监督。西方发达国家的教育，到目前为止仍然是学习自然的教育。比如他们的家庭教育与母狮子教育小狮子的模式非常相近。三岁以上的小孩，父母就开始让孩子自己动手吃饭，以从小培养他们独立生存的能力。日本的幼儿园大冬天让孩子在摄氏零度以下的气温中，脱掉衣服锻炼耐寒、抗寒的能力，以增强体质。把孩子放归于大自然中，保证他们自由活动的时间，以保护他们与生俱来的好奇心与求知欲。这些无不是学习自然的结果。重新回归自然，敬畏自然，向大自然学习，人类思想的精华都蕴含在神奇的大自然奥秘中了。不要把全部的精力与所有的眼光都只盯着那些世俗的金钱与世俗的权力上，让我们先把眼光投放到蚂蚁的社会，向蚂蚁学习吧！

(2008 年 5 月 16 日)

基础教育的生命是平等

在这里特意不用"公平"这一词，因为一说到"公平"，又会有许多不同的解释。比如什么起点公平、结果公平还是过程公平，是实质公平还是形式程序公平之类，说到最后，"公平"一词也就成了各自的自留地，想种什么就种什么了。用"平等"，就不容易引起歧义。所谓"平等"，简单说来就是表现出无差异的待遇。

大家知道，人生而不平等。这个不平等既有家庭背景的不平等，社会地位的不同，还有遗传因素的不平等，人的聪明愚笨、美丑胖瘦、男女性别，是在生来时就具有不同的特征的。教育的平等当然不是要刻意改变这些不可能改变的既成事实，而是表现在公共教育资源的投放时，要在每个地区、每所学校，甚至落实到每一个学生身上是无差别的，或者是差别很小的。即使不能做到完全平等，也要表现出在政策、法律这些公共性的平台与空间上把平等作为一种追求与努力的方向。

还要特别一提的是，平等的追求是在基础教育阶段，而不是在高等教育阶段。人生的童年、少年阶段，他们来到这个世界，不能因为家庭、出生时所处的环境与处境不利而受到带有歧视的待遇。这是符合人生的道义良知及现代人权诉求的，同时也符合国家、民族及社会利益的最大化。

因为人不能够选择自己的性别、出生时间、出生家庭与出生地点等先天因素，因此，人也就不能够为自己不能够选择的事情去承担责任、遭受痛苦与歧视。基础教育阶段，人的成长过程刚刚开始，人的聪明愚笨，甚至美丑胖瘦，都无法最终判定，只有享受平等的教育资源，才能够最大程度上体现人道主义，同时也最能够平衡因为人先天的不平等而带来的对儿童心理的扭曲。无论从哪个方面来看，平等的基础教育才是整个社会的利益最大化。人经过整个基础教育阶段，如果是在无差别的平等教育之下，那么在进入高等教育的时候，就应该学会对自己的行为负责了，而且也能够承担起这个责任。这个时候人与人之间的不平等是最可接受的。因为大家都享受了比较平等的基础教育，而且是在公平的自由竞争之下分出高低，有人进入名牌大学，有人接受一般的职业性质的培训，将来成为一名普通工人或者其他职员，这相对来说就是比较容易接受的一个客观事实。基础教育的性质是奠定人生，以"成人"为目的；高等教育才具备选拔人才，发挥个性特长的性质。"成人"最重要的是要有一个不受歧视的教育环境。人只有在平等的环境中才能够养成平等的意识，才能够最大程度上消除人的歧视心理，也才能够最大程度上克服仇恨的心态。

在人类社会中，不平等是一个客观事实，但是仍然有一个合理的可接受的底线，即所有的不平等，只有建立在这样的基础上才是人们最容易接受的。依照顺序分别是：第一，造成不平等的原因，是自己个人后天的因素造成的，而不是先天的因素，特别是家庭背景、社会地位与身份、籍贯、出生地、性别等个人无法通过后天努

力改变的东西造成的。第二，造成的不平等，虽然是先天因素造成，但是，这个先天因素是基于人的遗传因素造成的。比如人智商的高低不同，再比如人的美丑胖瘦的不同，这是人们比较能够认同与接受的。也就是说，个人先天遗传基因造成的个人的生理特点的差异，在可接受性上又大于因先天的社会身份造成的差异。第三，造成的不平等，即使是先天的遗传因素，其差异与所产生的差异是能够对等的，而不是不可对等的。比如，一个智商很高、智力潜力与天赋都特别突出的人，被优先选择去搞需要高智商的研究工作，这就是对等的。但是，如果因为某个美女因为美得出众，而被选去科研机构，这就是不对等。但是，因为美，而被选去当世界小姐，这就是对等的。一种特殊的工作只需要男性，而不适合女性，这种情况下选择男性而不选择女性就是适合的不平等。这种不平等，是人们的心理比较容易接受的。

以上这些情况都不容易出现在基础教育内。因此，基础教育，特别是当政府利用纳税人的钱办公办的基础教育时候，其遵循的原则只能是平等。从世界发达国家的基础教育发展趋势来看，也是充分体现这一点的。欧美国家的基础教育，政府所掌握的公共教育资源是不会利用政策与法律的方式，人为地把同一地区的不同学校之间的差距拉大，而去搞所谓的窗口学校与示范性学校，或者名牌学校。日本是最为明显的例子，日本是亚洲国家把基础教育的差距控制得最好的国家之一。韩国在基础教育阶段，政府的教育资源投入也是比较均衡的。欧洲发达地区的大部分的基础教育也体现了这个特点。比如，基础学校不会由政府的政策来划分重点与非重点。美国在基础教育阶段有差异，但是这种差异更主要是体现在公立与私立学校之间，也主要体现在出资人之间的投入差别，学校与所在的区域及区域居民的投资赞助有关。这种差别表现在校与校之间仍然是有限的。政府在这里实质上并不直接参与到学校的管理中去。

再看学校的内部管理。凡发达国家的基础教育无不把平等的原则都体现在具体的学校内部。比如，普遍实现的小班制教学，为的就是在一个课堂里要使每一个学生都能够同等地享受到教育资源，连参加讨论与提问的次数都有相应的规定。日本基础学校教师的日常行为规范就明确提出，教师每天要反思所教过的每一个学生是不是都被平等地关照到了。

从学生的成长来看，能否享受不受歧视的教育是人得以健康成长的关键因素。也就是说，"平等"大于"优质"，或者说"平等"优先于"优质"，或者说优质的基础教育的核心内容就是要体现"平等"原则。其他的教育资源无论多么优越，只要实现带有歧视性的差异教育，那么就严重地偏离了基础教育的真谛。孩子的眼光中最不能够忍受的是因为自己无法改变的身份及家庭背景而受到不平等的对待。如果一所学校连一间像样的教室也没有，而是在森林里上课，只要每个学生都如此，也仍然可以培养出身心健康的人；反之，如果一所学校的教学设备非常现代化，但是，却根据孩子的家庭地位的高低或者考试分数的高低来分享这些优等教育资源，那么无论多么优越的教育资源，也只能够培养出病态人格的学生。

再来看看，当下中国的基础教育存在的误区，是非常严重的。基础教育的不平等不但体现在不同地区、不同学校，也严重地体现在不同的家庭，还体现在同一学校的不同学生之间。任何一个因素都严重地影响着学生享受其公共教育资源的权利。中国的基础教育的差异，除了地区发展不平衡及家庭背景不同造成之外，更为重要的是一些地方政府的政策造成的。一些地方政府通过法律与政策，把本来差异很小的学校，人为地拉大差距，大搞重点学校制度，或者示范性学校，或者其他不同级别的制度。先定有级别的身份标签，再根据级别来决定投入的差别。学校一旦被定为不同的级别，就享受不同的教育资源、教育政策。这种差异充分地体现在不同地区之间、不同学校之间，也体现在不同学生及不同教师之间。学生所享受的教育资源千差万别，同一教师在不同学校所拿的工资待遇也千差万别。这些差别给教师与学生的身心造成的负面影响是严重的。受到歧视教育的学生，培养了仇恨；受到优质教育的学生，培养了歧视。教育资源严重过剩与教育资源严重不足，同时存在于我们这个蓝天白云之下。造成两种看似不同，实际上是完全一致的状态人格，在孩子幼小的心灵上过早地注入了"歧视"与"仇恨"的教育种子。

一些学校的管理策略就是人为地制造这种差距。学校的一切工作就是要把学生分出三六九等来。小小年纪，甚至在幼儿园阶段就人为地被贴上了"好孩子"与"坏孩子"的身份标签。一些学校强行给学生佩戴"红领巾"与"绿领巾"，以示好坏的差别。而且即使是"红领巾"也分成一条杠、两条杠、三条杠，即分别是小队长、中队长与大队长。班里还有不同的班干部及优秀学生、"三好"学生、"五好"学生之分。人为地强化孩子的优越感与自卑感，为我们社会增强官本位意识，弱化平等意识打下了扎实的基础。社会不够和谐的原因就是在这里埋下了祸根。

"平等"是优质教育的生命线，也是基础学校需要坚守的一条底线。在无法完全实施平等的基础教育的情况下，政府的任务就是要保证最差学校的底线，并且其基础教育的政策导向是使不平等的基础教育逐渐均衡化，而不是依靠政府掌握的教育资源强行拉大教育差距，制造更大的本来就很不平等的基础教育。如果无法在基础教育上有更大的作为，发达国家通常的做法就是把基础教育的权利放回给社会，让社会来监督教育质量，让社会的力量来平衡基础教育之间的差距，反而会更有利于基础学校的发展。"平等"是"优质"基础教育的核心价值。这一点也充分体现在日本二战之后的基础教育上。即使二战之后，日本国破家亡，但是在恢复基础教育时，仍然是采用平等原则，仍然保证了孩子享受因平等而带来的和谐身心。日本二战后的宪法规定：日本基础教育依学生的能力而享受平等的教育机会。因平等而带来的健康心态，这是二战后日本得以高速发展同时社会和谐的重要原因。只有平等的基础教育，才能够为基础教育之上的高等教育在选拔精英人才时提供充分的依据，也才能够使学生及家长，在高等教育里合理接受这种因个性差异而形成的不同的高等教育。这对个人与社会及国家都是和谐的、合理的。

让"平等"为人的成长奠定基础，才会有真正的和谐社会，才会有真正的优质教育。

（2008 年 5 月 5 日）

第三编

 守望现实教育的良知

　　我知道，潮汐有升有落，也知道，幸福不能永远停留。可是当它满满呈现在面前的时候，我唯一该做的事，就是安静地坐下来，观察它，享受它和感激它。生命的用途并不在长短而在于我们将会怎样利用它。许多人活的日子并不多，却活了很长久。

——〔法国〕蒙田《随笔》

中国农村教育：我们心中永久的痛

新课程改革，如果真的是"为了中华民族的复兴，为了每位学生的发展"，那么教育改革就必须关注到占我国生源70％的农村教育。曾几何时，我国城乡差别被人们分别用"欧洲"与"非洲"来形容，这也绝没有夸大的意思。问题并不在差别本身，而在产生差别的原因。

有人说这样的差别，首先是因为教育资源不足而造成的，是"因为猎物不够，只好请酋长先吃"（张文质，《教育的十字路口》华东师范大学出版社，2004年10月版）。应该说有这个原因，但其实这也还只是表面现象。什么情况下才是"够"呢？够与不够只是相对的。中国教育人均资源与现在的美国相比当然是远远不够的，但是与战败时的日本相比，以中国改革开放二十多年积累起来的社会财富与实力而言，则不知道要高出多少倍。但是，当年的日本硬是在一片废墟上把一个公平的基础教育打造得十分完善。今天日本的发达可以说很大程度上得益于这个时期完善的基础教育。现在日本的基础教育公立学校几乎仍然是完全由政府包办，用一张图纸建造全国的中小学校。他们的观念很明确，基础教育受益最大的是社会、国家与民族，理应"人民教育政府办"。

无论农村还是城市的教育，都是国家的教育；无论农村孩子还是城市孩子都是将来国家的未来，没有理由把他们人为地分为三六九等，让一些人先天受着特殊的关照，而让另一些人先天受着这样或者那样的歧视。当我看到 2002 年全国各项教育投资总数是 5 800多亿元，而用在城市的教育经费就占到 77％，城市人口总数却不足40％；2003 年全国教育经费总额为 6 208.27 亿元，其中国家财政为3 850.62 亿元，而国家财政中给农村教育的经费仅为 100 亿元，不足一个零头数。要知道我们全国每年用于新课程改革的资金据说就有 500 多亿元。这样的投入是否公平合理，是需要我们去认真研究的。

我感到奇怪的是，为什么在今天我们已经不是太贫穷的情况下，我们仍然在制造大批的教育弱势群体？难道我们中国人的人生价值观与精神寄托依据就是要人为地制造出这样的差距？如果从中国的谚语"吃得苦中苦，方为人上人"，去认真地品味一下就不难发现，中国的传统价值观就是要人为地把人分为三六九等。从这个意义上说中国的教育一直在制造着普遍的自卑，从上到下整个民族都生活在自卑的情结中。农村相对小城市里来说当然应该自卑，但是小城市相对中等城市来说也是自卑，中等城市相对大城市特别是北京、上海、广州、深圳这样特别大的城市来说也是自卑的。人与人之间的关系也是这样的。我们什么时候能够学会平等地相处，把所有的人都当人来看待？不论职位的高低，不分性别，不分年龄大小、资历深浅，大家都把对方当做一个人来尊重，而不是把人当成掩盖了人性的各种符号。西方人就可以做到让一个小孩来直呼成年人的姓名，而我们复杂的称呼里蕴含的是各种带有严格身份等级的文化形态。

一个文明社会即使有歧视也应该只是极少数的，但是我们现在却是占到 70％ 生源的农村教育受到歧视。农村孩子受教育的目的其实非常简单，就是早日考上大学成为城市人，从此结束受歧视的屈辱处境。当年我们受教育的目的就是为了这一天，今天农村的孩子还会有其他的出路吗？为什么我们的教育改革不是从解决农村教育问题入手，不是雪中送炭，而总是锦上添花？

在中国，如果从国家民族发展的利益考虑，那么我们应该承认，现在最需要的是农村的雪中送炭，而不是城市里的锦上添花。如果没有了占 70％ 生源的农村教育复兴，怎么可能会有中华民族的复兴？如果没有占 70％ 生源的农村孩子的发展，又怎么可以说是为了"每一个孩子的发展"？城市里的孩子是个宝，而农村的孩子却连草都不如。这样的现象不应该是我们教育振兴计划内应该出现的事。

在国家提倡建设和谐社会的时候，我们不得不关注教育的公平问题，而农村教育又是教育公平问题最为集中的地方。我们不是不要优质教育，也不是说一定要把现有的学校都拉平到一条线上去，教育公平问题当然要承认差距。美国教育主要遵循市场原则，学校教育质量是由社会、市场来调节的，谁要享受优质教育谁就得出钱。教育质量的评估权也完全掌握在由家长及社会各行业组成的教育委员会手中。学校教育在这样的压力下既可以按社会需要来培养人才，又可以把学校办成各种特色的品牌，教育的发展是有动力的。日本把基础教育视为国家发展的战略，因此用法律的形式保证办学质量，也有可取之处。

我们现在还在集中有限的教育经费办所谓的国家级示范学校和"名校办民校"这种合法的教育资源掠夺。这使我不得不想起"文革"时我们高举过的两面大旗：农业学大寨，工业学大庆。大寨与

大庆都是用全国人民的血汗钱堆出来的。全国只有一个大寨，只有一个大庆。他们的种种优惠政策与特殊投入是别的地方不可能学得了的。现在的示范性学校作为窗口学校的意义何在呢？只不过是为"特权与金钱"提供特殊服务的工具而已。没有任何学校可以从这样的"示范"中学到什么。因为示范学校并不是自己在自由市场中打拼出来的，也不是办学质量好而自然形成的，而是特殊政策关照下出来的，岂是其他非示范学校可以学得了的？和谐社会的前提是公平，差距存在的合理性首先也是公平，至少也要有利于社会总体的发展。如果我们的学校都像日本那样，起点都是一样的，在发展的过程中产生了差距，那么这里有不同学校之间经营管理的差异因素，这样的差距是有利于教育和谐发展的。我们的农村教育与城市教育之间的巨大差距，是不合理的政策造成的。如果真要做到让"中华民族复兴"，让"每一个学生发展"，那么把教育公平问题与农村教育问题提到议事日程来解决，就是最好的试金石。

（2003 年 11 月 1 日）

农村的教育问题究竟出在哪里？

农村的教育问题说到底就是师资严重缺乏，合格的教师少，人才留不住，好一点的教师不断地往市里、城里挤。出现这种情况的原因就是农村教师的待遇实在是太差了。现在农村教师的生存环境极其恶劣，再加上工资待遇经常被拖欠，或者不能够足额发出工资，或者发出的工资被飞涨的物价所冲抵，使得农村的教师生存日益艰难。这就构成了农村教育的最大问题。

广东作为全国经济最为发达的省份，其实占 2/3 以上生源的农村教育却相当落后。以最近对粤东山区某贫困县的调查为例，该县教育局人事股长告知我，他们县教师极其缺乏，几次到全国各地招聘教师，终因教师工资待遇过低，而存在巨大的师资缺口。他甚至对我说："你们学院毕业的学生，来多少，我们要多少。"但是来该县工作的大学毕业生仍然极其罕见，就是本地生源回来的也极少，尽管地方财政对回家乡工作的大学毕业生有一些奖励措施，但是终究因为待遇过低，吸引不了人才。像这样的贫困县，在广东是很有代表性的。许多大学毕业生宁愿留在城里打工，再寻找发展机会，也不愿意到乡镇以下的地方去任教。因为，一个大学毕业生留在山区农村的月工资只有 800 元左右，而物价与城市相比有的不但不低，而且反而更高一些。这样的工资待遇在广东山区极有代表性，而且随着物价的不断上涨，发展趋势越来越恶劣。另一方面，大学毕业生找不到工作的情况却非常严重，大家找工作都只是聚集在少数几个城市或者经济发达地区。

一方面，我们最需要资金的农村教育严重贫血，缺钱，从而也缺人才，许多学校缺乏合格的师资；另一方面大量的大学毕业生找不到工作，或者不愿意到这些地方工作。另外，学校处在合并之风中，规模越搞越大，班级的规模也越来越大，并且以追求大为荣。目前，就是这样构成了中国农村教育的困局。

农村的教育搞不好，就意味着中国占到 70％ 的生源处于一种恶劣的教育状况之中。这些孩子得不到良好的教育，其实就意味着"百年大计"正在成为"百年包袱"，并且不断地恶性循环下去，中国要改革落后的面貌将会更加困难重重。

以日本为例，或者对我们解决农村教育问题有所启示。日本的教育早就消除了城乡差别，也基本上消除了地区差别，更消除了学校与学校之间的差别，实行的是真正的完全的义务教育。不但学生的学费全免，而且连保险、校服、营养餐的部分费用都基本上由政府出资。义务教育是一种国民待遇、一种公民福利，从而使孩子从小生活在一个相对公平的教育环境中，对给予孩子埋下平等的种子是很有利的。

人的差别是要给予承认的，但是人的差别只能是在平等的教育环境中自由发展的结果。因此日本的教育只在高等教育阶段显示出差别，而不是幼儿园、小学、初中与高中阶段就显示这方面的差别。这样无差别的公平而扎实的基础教育，给予日本的国民教育奠定了

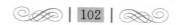

良好的基础。一个国家的人口素质高低取决于这个国家实施的义务教育、基础教育的质量。培养人与人之间的平等意识是教育十分重要的任务。只有这样，社会才能够奠定在平等、和谐互爱的基础上。因为地区之间天然存在着经济发展上的差距，因此，日本的基础教育主要是靠中央财政来解决，地方政府财政给予部分补贴，但这部分差别不大。同时，对相对贫困的地区，中央政府采用不同的教育经费措施。比如北海道，一向是日本经济发展比较缓慢的地区，因此，对这个地方的教育投入，中央财政采用地方财政投入多少，中央财政再追加多少的办法。比如地方投入的基础教育经费是 100 元，则中央财政再追加 100 元的投资，以调动经济薄弱地区地方财政对基础教育投入的积极性（相关资料见日本山崎高哉教授的《日本教育公平危机》，2006 年 9 月北京师范大学教育哲学年会及教育哲学国际会议论文）。实施的结果就是日本的基础教育相当均衡而优质，这是保证一个国民素质的基础教育。

纵观中国现在的基础教育，特别是农村教育，除了天然存在着地区经济发展的差异外，还存在着教育财政投入政策上的偏差，导致了中国的基础教育投入严重不足，以及日益扩大的各种差异。把钱投在教育上，并且恰当地加以利用，这是最值得花钱的事业。日本人认为一个社会中最宝贵的财富就是人，人的最宝贵的财富就是大脑里的财富。人的良好素质是社会永久而且是良性的可持续发展的财富。因此，他们不惜花费巨大的投入用于教育，而且在全国范围内实施均衡的优质教育。

就基础教育而言，均衡远比优质要重要得多。但是，现在中国的基础教育，处在拼命的合并之风中，打造少数几所所谓的窗口学校、优质学校或者国家示范学校，通过剥夺大多数学校的办学经费来装点教育的门面。实际上，以这种政策的方式打造的所谓示范性窗口学校是起不到任何示范作用的。其能够示范的只能是让在这样的学校读书的孩子自然养成一种高人一等的优越感，进而在内心深处容易产生一种歧视别人的优越感。这样的教育结果，即使是所谓的优质学校也是失败的垃圾学校，基础教育的首要之义是公平与平等，即使是穷到一块的教育，也比贫富千差万别的教育要优质。基础教育就应该没有所谓的窗口示范性学校，没有重点与非重点之分，同一个学校也不存在什么重点班与非重点班之分，学校也没有各项评比，教师与学生都不分先进与落后。另外学校人数与班级人数都需要严格控制。因为学校是培养人的地方，而不是养鸡场，是不能够只讲规模效应的。

教育是慢的艺术，需要足够的时间与空间。教育必须实实在在落实到每个学生身上，因此不断扩张学校的规模与扩大班级人数是教育中十分忌讳的事情。但是，由于我们处在合并之风中，处在追求规模效应中，不断地扩大学校规模及班级规模；同时为了省钱，在明明严重缺乏师资的情况下，紧缩教师编制，只花 1/2 甚至 1/3 的教师工资待遇招聘大量的代课教师，使得教师，特别是代课教师的经济待遇低下，社会地位不高，人心不稳，教育质量下滑，教育更是令人忧心如焚。

从日本的基础教育我们可以得到一些有益的启示：

第一，要增加基础教育的投入，尤其是农村教育的投入。

第二，切实改善农村教师的待遇，以吸引优质师资到广大的农村中小学任教。

第三，取消所有的代课教师，将代课教师中的合格人员就地转化为正式编制的教师。

第四，在一个县的范围内实施教师流动制，可采用自行申请与教师交流政策相结合的方法。在一个县的范围内基本消除教师之间的收入差别的前提下，尽量使教师合理自愿地在各地各校之间流动。师资的合理流动，有利于优势互补，有利于平衡师资力量，有利于人际关系的和谐，也有利于教师的专业成长。

第五，重新改革学校的评估方案。采用立法的方式，严格限定学校及班级的人数规模。学校人数可以少，但是不能够多。

第六，改变政府对地方教育的评估方式，从以打造少数几个窗口学校为教育业绩中解脱出来。所有的地方政府的教育评估要从当地最差最薄弱的学校入手，每个县抽出办学条件最差的5所学校作为评估对象，看是否达到国家办学的最低标准。当地已经存在的重点学校、示范性学校与窗口学校不作为评估对象，而给予充分办学自主权的政策。以刹住花巨额资金打造少数几所窗口学校、人为制造教育不平等的错误方向。

不用太久，10到20年的逐步改革，就会使中国的基础教育有崭新的面貌，这对全国的基础教育，特别是对农村的基础教育会有很大的起色；对国家的发展，民族的振兴也是很有帮助的。

(2008 年 4 月 17 日)

乡 村教育的"破败"

一

我自小出生于中国最贫穷的乡村，在简陋得不能再简陋的乡村小学与初中接受完了义务教育，直到 17 岁才有机会到县城的重点中学读高中，但是其生活条件与学习在今天看来仍然是相当差的。特别是完全在应试教育的气氛中，除了每天想着提高分数，在分数上把同学竞争下去外，没有体会到别的感受。后来师专毕业后有机会再次回到乡村中学当起了乡村教师。这些经历至少说明我对乡村教育是有着很深刻的切身体验的。我知道乡村的孩子们需要什么，知道他们在想一些什么，他们是怎样地生存着的，也非常清楚那些乡村教师的生活与思想状态，以及他们的日常生活方式。我知道他们中有不少人仍然有自己的梦想，仍然在困苦中挣扎，但是，总体来说，他们的生命状态进入了一种思想与精神都很麻木的状态。

如果我不是因为有机会通过考取研究生来改变自己的命运，即使不甘沉沦，恐怕也只有沉沦的结局。那时我的选择是既然改变不了环境，就只能选择改变自己。在乡村当教师有自己的思想灵魂及

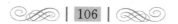

独立人格是很难活下去的，也许你会连自己的一份工资都无法保证。我不敢设想，如果我留在原来所在乡村中学里还能够保持现在的生活方式与生活态度，保持现在的思想观念吗？对于这些，我实在不敢设想。我说过，我到城市里来，只是选择当了一个逃兵。

二

今天，我经常还会以城市大学里教育专家的身份被邀请到这样的乡村里去做一点教育指导，传授一些所谓先进的教育改革理念。但是实际上是没有用的。当我讲了一些所谓的先进的教育理念给这些来自乡村教育的教师听的时候，他们的表情是麻木的，眼神是呆滞的。无论你怎样启发他们，用怎样批评或者表扬的话，用怎样急风暴雨的话语进行轰炸，他们仍然是表情麻木，有的是似睡非睡，有的几个人围坐在一起低头小声地说着一些家常琐事。因此课堂上始终轰轰作响，一刻都没有停止过。课一结束，满地狼藉。我不知道他们这样的精神状态是怎样来教育我们的后代的。我感觉到他们关注的焦点是这些：这个学习活动什么时候可以结束，什么时候可以安心休息几天，什么时候工资不再拖欠或者可以调动工作。其他的一切都不重要。教育就只是学生考试的一点分数，上课就是让学生背诵。能够让学生准确记住书上给出的答案，然后得到高分，这就是"优质教育"；再拿着这些高分到教育行政部门里去接受表扬，并且拿一点微薄的奖金。学生及家长们也拿这些分数来衡量一个教师所做的一切工作。校长也以这个标准来评价一个教师是优秀还是落后。还能够有其他的东西吗？还有其他的东西值得关心吗？当然，还是有的。就是一些尚且上进的年轻教师正寻找新的出路。考研仍然算一条，尽管现在考研的价值已经远非我十几年前的考研那样有价值，但毕竟还算一条出路。显然，他们是想尽快地离开这个地方。不想走这条路或者无力走这条路的教师，就在当地想办法准备走仕途，当然走仕途不再是需要什么教学业绩了，而是会不会与上级搞好关系，有没有坚强有力的靠山，有没有足够的资金去架桥铺路。走这条路成功的乡村教师也不乏其人，甚至后来在当地还当上不小的官，成为一方诸侯，拥有相当大的权力、财力和势力。他们也成为众多乡村教师们所羡慕与忌恨的对象。

如果这些方面都不可能走通的人，他们的日子就是在蒙混中度过的。我去过多所乡村学校，街头上、学校里、家庭里，到处都是麻将之声，连绵不绝。即使只有半个小时的空闲时间，首先想到的就是搓几盘麻将。这已成为乡村生活中普遍存在着的一道乡村风景线，而学校只是这道风景线中比较明显的一个而已。一个乡村学校校长对我说："不这样不行的。如果你不会这一套，那么，校长是一天也当不下去的。"书香校园对我们来说不是笑话，而是童话与寓言故事，甚至干脆就是神话。所以，你只能同流合污，否则你无法生存下去。就这一点来说，我虽然是在乡村长大，在乡村受到基础教育，并且在乡村的学校当过 6 年教师，知道这种情况就是在当时也是经常出现的，但是，那个时候毕竟还是偷偷地进行，而现在发展到成为工作的表现与教育业绩的衡量标准，成为一种新的发展方向，这是我确实没有预料到的。这也是我这次下到乡村里考察学习了解到的新情况。一些地方，教育会议干脆开成了麻将会议，几分钟就把教育问题说完了，接下来就被漫长的麻将声所取代。在乡村学校几天，我都是被麻将声所包围的。可惜我真的不会玩，而且也不感兴趣，几天时间立即就成了这个临时环境中的一个异类。大家之所以还对我尊重，也就是因为我只是临时在这里几天而已，超过一个月，立即就成孤魂野鬼一个了。我突然想起一个词汇来形容我们的乡村教师：教奴。而学生呢？就是"学奴"了。而校长当然就是"官奴"了。

我做教育考察指导的这个地方的一所中学里，刚好有一个我十几年没有见过的同学在这里当乡村教师，在广东异地相遇，算是一种"他乡遇故知"吧。我把电话打过去，他很久才接了电话，人声还没有出现，麻将声先在手机里一阵一阵清晰地波浪一样传来。然后再问我是哪位？我说了自己的姓名，他就心不在焉地哦了几声，连一句客气话都懒得说，就说自己正忙着和牌，等下再打过来。我当然不会再打过去了，他打麻将投入的状态，已经与吸毒的状态差不多了。我想我还是不要去打扰他了。

　　乡村校长对我说，你在大学里可以不做官，仍然可以过得很潇洒，可以拿到稳定的工资与奖金，还可以爱写点什么就写点什么，见了领导也不必那么紧张。但是在乡村里就由不得你了，你不当个一官半职，你就是最底层，多如牛毛的大小官员，都可以随时随地地欺负你。而做官就是人上人，就有许多特殊的享受。所以，你要改变自己命运的几乎唯一办法就是想办法去当官，大小都要有一个，大小是个官，长短是根棍。而且为了保住自己的这个官位，你还得想办法找到并维系自己的靠山，否则，你即使当上了也很快就会被人挤下来，是当不稳也做不长的。

三

　　我的博客在国内有点名气。当然，受到的攻击也不少，攻击最多的就是说我偏激，而且脱离中国的实际国情。许多人以为我不了解中国国情，只是一个书斋里的书生，是一个高高坐在大学里说古论今、坐而论道的大学教师。其实我出身草根，我的生命里、骨子里对中国底层，特别是乡村的一切有着非常切身的体验。只是今天的身份稍微有点改变，转变一个新角度再回头来看一下当年我印象中"破败"的乡村及乡村教育，感觉不仅是物质上的"破败"，而且是人心、人事、人情上的"破败"。其实物质上的破败反而不可怕。

比如当年日本二战结束时国破家亡，但是人家的国民精神仍然在，振兴的欲望仍然在，追求幸福的愿望和建国的智慧仍然在，所以，即使物质上再破败，也是充满希望的。但是，现在我在乡村里看到的远不是这样，物质上也许远比当年战败时的日本要好，而且一些地方还新建了一些漂亮房子，但是，这里实际上仍然是没有希望的。我们的乡村里其实是天堂与地狱并存。谁也不想改变这种格局，只是想改变自己的命运。想办法把自己从地狱里提升到天堂里去，并视之为"成功之路"。

虽然我早有心理准备，而且也有人生经历作为铺垫，但是当我再次深入到这些地方的时候，我仍然感觉到了环境与情景所带给我的一种孤独与绝望的感觉。面对这样的乡村及乡村教育，其实作为一介书生来说，你无论说什么都是多余的。今天甚至已经没有了当年陶行知先生、梁漱溟先生、晏阳初先生服务于贫穷乡村的条件与环境，你即使有这个心思及奉献精神，也会没有你的立足之地。

四

我去乡村，与其说是去传授新的教育思想与教育理念，不如说我是去重新接受再教育。我感觉去了一趟后，我确实要对自己的思路作出重新调整。

真正了解乡村教育，仅仅是去支教，去考察，走一走，做一点浮在面上的工作是远远不够的，还必须扎根下去，沉浸到里面去。有时还必须深入到他们的权力系统中去。我是以专家教授的身份来到这里讲学的，所以，与一般来支教的人显然有着不同的观察视角。因为以我这个身份会有机会与校长们，甚至局长们这些教育的高层人士做深入细致的个别探讨。因为我完全是圈外人，他们平时互相之间绝对不说的一些话，却能够放心地对我说。因为，我不会参与到他们的权力之争中去，也不会妨碍他们的利益。我这个高级局外人的视角是非常重要的。这是我以前自己生长于乡村，扎根于乡村教育，以一个普通农村学生与乡村普通教师的身份仍然不能够感受到的。因为，那时我虽然在乡村，也感觉到这个环境存在着严重的问题，但是毕竟你无法知道权力系统的运作方式，不知道乡村教育的领导者们的真实的生活与思想状况，更不知道这里原来存在着那样复杂的矛盾。乡村教育领域也常常是一个藏龙卧虎之地，有许多有着活跃思想的人，有教师也有基层教育管理者，不过，他们虽然感觉到自己的生存环境的恶劣，但是他们几乎完全放弃了改造的念头。

中国社会存在着一种自己的成长基因，有着自己文化基因变化而来的一种大势、一种大运。顺势而发的人，可以取得个人发达与成功，而企图变革的人的命运无异于螳臂当车，无异于堂吉诃德与巨型风车作战。没有人愿意付出这个代价。大家于是就在这种虽然很不满意，但是却仍然生活得有滋有味的社会里代代相传。也有些人自己在体制外的时候，有一些想改变的想法与愿望，但是后来进入体制后，特别是成为体制内的成功者与发达者的时候，他们就开始极力维护这个体制了，千方百计为这个体制说好话。所以有能力改变的体制内的人一旦到了这个地步，就不再想改变了，而且变成了体制的坚强忠实的维护者，而当他站在体制外想有所改变的时候，其实他根本没有机会做任何改变，这几乎成了中国"改革"的一个死结。

五

这次在乡村教育考察，我遇见一位年轻的校长。该校长一直在用自己的切身体验与耳闻目睹的一切来反驳我提出的一切改造方案与指明的希望所在，有时我们还有激烈的争论。但是应该承认我没有当过校长，虽然知道基层的一些事情，但是，没有当过，那种体

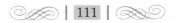

验就是不会有的。你一个学者所说过的话可以不算数，可以没有后果，但是一个基层的管理者，说话都要小心，否则就会产生严重的后果，对自己，对自己管理的工作都会产生严重的后果。一个社会需要清议人士的存在，就是学者这种人的存在。正因为他们没有世俗事务的纠缠，所以，反而能够比较自由地思考，能够避免被一些眼前的世俗事务遮蔽了眼睛，可能能够看得更远更清楚一些。当然，一个社会也需要大量务实的人，他们只考虑能够把工作做下去，甚至只是维持下去，也是有意义有价值的。二者之间不能互相指责和互相轻视，而是要互相融合渗透。

实践工作者不要以自己的具体事务来指责学者的思想理论脱离实践，而学者也不要轻易用自己的思想理念指责现实的荒唐无耻。现实逻辑毕竟与理论逻辑是有差距的。乡村及乡村教育的面貌，离我们的理念设想确实是太遥远了。我们坐在大学里靠研究海德格尔、胡塞尔、康德、杜威等人的思想而成为博士与教授的学者们，你们的头衔对乡村教育来说是耀眼的，因为他们把这些当成与县长、镇长有同等或者接近的价值符号，总之是高贵的符号中的一种吧，但是也仅仅是可以获得社会资源与财富及地位的一个符号，而你们的研究内容和成果与他们却是毫无关系的。

博士、教授到乡村教育中去能够做什么？这个问题我确实还没有想好。

（2007 年 7 月 24 日）

我们是怎样误解了乡村教育？

　　2007 年 5 月我去了一趟日本，参观了几所日本的中小学，感觉无论是所谓乡村的学校还是城市的学校，不论在学校设施布局方面，还是师资设备方面，已经没有什么差别了。教师是在一个县（即相当于我们的省一级行政区划）的范围内轮流执教，因为教师们所在学校及地区已经没有什么差别，待遇上也没有什么差别，这种轮换工作已成为制度化，也成为一种教育传统。教师的流动使教师经常可以面对新鲜的环境，不同的学生，不容易因雷同的环境、同样的人际关系而造成心理疲劳，有常教常新的感受。无论是城市的学校，还是乡村的学校，哪怕是东京闹市区的学校，都是没有围墙，没有校门，而且都绿化得非常好，校园里到处是本色的天然土壤。孩子们就是在这样的天然环境里自由快乐地成长着。即使在城市里，也一样可以体验到乡村的天然环境与自由的天空。而乡村里的学校也一样体验到城市里的文明，享受到与城里没有差别的师资设备。再看欧美国家的学校，也无不有这个特点。这些国家的学校常常保留着非常好的原生态，即使城市里也有这个特点，而在乡村里也同样存在着现代的一切文明。在这样的国家谈乡村教育，恐怕没有人会理解为什么要单独提出乡村教育。中国乡村教育的明天恐怕也得消灭乡村与城市的差异。但是，这里存在着一个如何引导的问题。

因此，我一直在想，我们的乡村概念究竟是怎样来的？为什么会有如此强烈的反差？首先是我们误解了乡村这个概念。由于长期以来，我们在政策上执行剥夺乡村以建设城市，剥夺城市周边以重点建设大城市的建设理念，特别是"三制"，即"户籍制、干部制、单位制度"，使得城乡差别在原来城乡之间可以互相流动的基础上，树立了一个铜墙铁壁，从此城乡之间壁垒森严，加剧了乡村的被掠夺的角色与地位，也导致了乡村加速的破败与凋零。从此"乡村"与"城市"在中国近百年来成为特别显眼的概念。所有的乡村都成为被城市剥夺的对象，乡村存在的价值似乎是专为城市而来的，就是预备受到城市盘剥的。乡村除了源源不断地提供廉价的资源给城市之外，只能够受到城市的歧视。乡村在这样只有送出，而缺乏吸收的前提下，变得日益破败。因此，如果一边是城乡之间的种种阻隔，各种歧视政策拉大差距，一边以"希望工程"的施舍方式去关注乡村，这只能是富人对穷人施舍心态下的关注乡村，虽然比没有关注要好一些，但是，并不是乡村教育的根本出路。

中国的乡村教育在天然环境方面日益受到来自城市力量的破坏，那些在城市里受到污染的企业与工厂，不断地被迁到乡村里来，使乡村实际上已经完全没有了乡村的自然环境，甚至还要受到比城市里更为严重的污染；同时，乡村里的孩子又享受不到城市的现代文明所给予的陶冶。孩子们本来有的自然环境，泥土的芬芳，洁净的空气，在大自然中的自由自在，这些东西，我作为乡村孩子，小时候是有的。我们那时分不清城市里的班车与公共汽车的用途有什么差别，但是，我们可以安然地骑在牛背上，可以看河里的小鱼自然

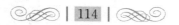

自在地游动，可以在田野里打泥仗，还可以上山采摘野果子，几个小伙伴自己动手在山里用茅草搭一个躲雨的茅草房。这些乐趣，现在的乡村的孩子几乎没有了。在大自然中受到陶冶的孩子最终是有灵气的。但是，现在乡村在受到城市的污染与破坏的同时，我们的教育更是主动配合了这种倾向。乡村的自然与文化环境不仅没有被作为教育的资源来开发与利用，而且是被认为是要摆脱的对象。农村学校如果也搞了塑胶跑道，那么周边几十公里的学校都会派人来参观，都会发出羡慕的目光。但是，我们却不知道，那块长着天然小花小草的带着泥土芬芳的土地才是最好的，孩子们在森林里自由地嬉闹玩耍是对孩子们的身心健康最有益的。可是我们宁愿欠上数百万的债务也要把城市里的那些东西带到乡村来。乡村都市化，常常也主要是表现在这些方面。因此我们常常可以悲哀地看到，农村的学校里常常连一棵树也没有，连一片草地也没有。这里以城里有的钢筋、水泥、塑胶最为时髦，以多媒体与电脑等教学设备作为炫耀的资本，却偏偏丢掉了最可宝贵的教育资源。以为这样就是学了最先进的东西，却把教育中最为重要的人的因素完全忽略了。

有一次，我负责中学校长的培训论文答辩。这些农村中学校长大多写了教育现代化的问题，我问他们什么叫教育现代化？你们怎样理解教育现代化？他们都毫不犹豫地答道，现代化就是多媒体教学设备及塑胶跑道等。我没有责备他们，确实我们许多乡村学校的领导与教师就是这样理解教育现代化的。一切学城市，一切以城市的学校为榜样。其实无论是城市还是乡村，我们都误解了教育的现代化，都忘记了：人，才是现代化的核心。重新认识人、理解人才是走进现代文明的重要途径。

现代文明在欧美日这些发达国家与地区已经作出了很好的榜样，这里有保存得非常完好的天然生态环境，有古香古色的古典建筑，有浓郁的地方文化资源，人际环境和谐，精神充实。但是也不乏最先进的科学技术，而这一切都莫不以人为本。但是，我们却还在不断地污染乡村，破坏乡村，乡村有城市里的一切毛病，却唯独没有城市里的一切好处。乡村的孩子比城市里的孩子要更为刻苦，才能够勉强与城市里的孩子去竞争上大学的机会。他们甚至比城市里的孩子更像是被关在笼子里的小鸟，他们的身心健康没有人关注。他们读书的全部希望就是进城，然后像城里人一样生活。

关于乡村教育与平民教育的问题，我想可能还要重新来一次思想观念的启蒙，重新来认识"人"这个问题，重新来理解我们的生存环境。农村人常常身处自然环境中，却厌恶自然环境，农民常常并不喜欢那些参天的古树与成片的森林，他们看待这些常常是在精确地计算了可以值多少钱以后才会引起他们的浓厚兴趣。学校虽然在山脚下，但是校园里却没有树，也没有草，甚至山上也没有了树。农民不喜欢树，乡村教师也不喜欢树。我的老家，我小时候还见过不少百年古树，但是现在连一棵也没有了。种下去的树，不到成材就被砍了当柴火烧了。我在乡村中学当教师时，那所中学幸存下来的几棵树，年年被学校的教师剃得精光，仅仅为了当柴火烧。在没有现代环境科学起码常识，没有敬畏生命的文化里，我们所做的一切都是为所欲为的。一切都是为了权力与金钱，一切都显得那样浮躁不安。乡村生活虽然没有机器的轰鸣声，但是，乡村里人们聊天的声音有时远远大过机器声。教养与文明在这里常常成为被嘲笑的对象。世代相袭的生活习俗如果有人胆敢不同，那么必然无法生存下去。在我的眼里中国的乡村远非一个理想的地方。

乡村的出路在于引进科学与文明，在于让人人懂得敬畏自然，保护自然，在于敬畏生命，还要懂得人与自然的和谐关系。如果消灭了城乡差别，如果城市乡村化，乡村城市化了，还有必要谈乡村教育吗？

　　我去日本访问时问到他们如何看待城乡差别及城乡教育的差别，他们告诉我说日本已经没有什么乡村与城市的差别，学校完全一样，教育理念完全一样，教育方式也无差别。我去参观他们的千叶县国际中学，这是一所私立学校，完全建立在远离市区的半山腰，山即是学校，学校即在山里，优美宁静的校园环境完全与山里的自然风景连成了一片。学校既无围墙，也无大门，全校只有五六百个学生。但是，你去看他们的学校设施与布局，除了地势高低与城市不同外，几乎没有什么差别。参观东京闹市区的学校，也常常是古木参天，幽然安静，还是既无围墙，也无校门，一片天然的黄沙作为操场，完全裸露的天然泥土中点缀着一些花草，让孩子尽量回归自然，让自然泥土的芬芳来陶冶孩子们的心灵，这是最重要的教育方式，这是非常明智的教育。人的素质差距是教育造成的，而教育的差距是人对教育的不同理解造成的。对教育的不同理解是对"人"的不同认识造成的。建设乡村教育，先得把人的问题解决好，"立人"的问题如果得不到反省，那么穷折腾的结果究竟会如何？不过在浪费了人力、物力、财力之后，一个更加恶劣的教育呈现在我们面前而已。

　　我们中国人一向以"勤劳"著称，但是如果"勤劳"的后面没有思想与智慧，也没有人文关怀与对人的敬畏与仁爱，没有相应的思想理念与制度作为依据与保障，那么我以为中国人还是懒惰一些好。我们要永远记住卢梭的告诫：受到错误教育的孩子远不如没有受到教育的孩子聪明、有灵气。在错误的道路上狂奔，还不如站在原地不动。这是值得中国人永远深思并且反复玩味的思想警句。

（2007 年 11 月 20 日）

我 所思考的乡村及乡村教育
——读刘铁芳先生的《文化破碎中的乡村教育》

　　我与刘铁芳先生有着相似的家庭背景与相似的少年儿童的生存环境及成长经历。他对乡村的感受，有许多我也有，所以读他这篇《文化破碎中的乡村教育》就容易达到移情式的理解，同时引起强烈的共鸣。铁芳先生现在是湖南师大的教授与博士生导师，是国内才华横溢的知名教育学者。他现在身居大都市，却念念不忘自己的根——滋养自己成长的乡村文化与乡村教育的命运，这是令人敬佩的。这与一些喝了几瓶洋墨水就忘记了自己是从哪里来的学者不同，这些人无论是嘴里还是文中，都不见中国广阔无边的乡村影子，许多的教育论文好像不是在探讨中国的教育，而是在探讨外国的教育问题，在为外国教育操心，或者干脆就是在研究一个自己虚构出来的教育世界。在这样的背景下，铁芳先生的思想与精神尤其显得难能可贵。探讨乡村文化及乡村教育的问题十分必要，这也是一种人文关怀的需要，是国家民族命脉所在。没有乡村的和谐与繁荣，没有农村及农民的前途，实际上就没有我们这个国家与民族的前途。这不仅仅是因为到目前为止，中国基本上还是一个农业国，文化根基也主要是传统农业的底子，更为重要的是，中国的许多问题，特别是教育问题，基本上还是农村问题。即使在城市里工作的人，或者在所谓的中国都市文明里，其实也还是脱离不了中国传统农业文明的影响，小农意识非常浓厚。这是不可忽视的客观现实。正视它，思考它，解剖它，然后才可能会有所改变。

我在这里不想重复铁芳先生说得很精彩、很到位的那些闪光的思想与智慧，以及那种用大智慧来做具体的小事情的态度等。我只想说几点自己的感受。

我首先想说的一点是乡村文化破碎的原因。中国乡村文化确实是破碎了，这是无可怀疑的，无可争辩的。中国的乡村世界与都市世界存在着似乎阴阳两界一样的差别。有人把中国的大都市比喻为"欧洲"，而形容中国的乡村是"非洲"。这既是一个事实，但又不能完全当真，至少如果中国的乡村真正像非洲，这还是很有可取的地方。因为非洲的大草原，大片的原始森林及丰富的野生动物与植物，是中国乡村所没有的。只能说中国的乡村落后与愚昧像非洲，但是生态环境像沙漠会更为贴切一些。那么中国这么明显的两个非常分明的世界是什么原因造成的呢？我们为什么要关注中国的乡村？铁芳先生有一个判断，他引用了意大利著名儿童文学家德·亚米契斯在《爱的教育》中的文字来说明他的观点：

"身体精神都染了病的人，快去做五六年农夫吧。

人的堕落，与物的腐败一样。

物虽腐败，只要置诸土中，就能分解成清洁的植物的养料。人亦然，虽已堕落，只要与土亲近，就成清洁健全的人。"

因此他得出结论说：

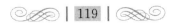

"我们今天关注乡村教育，一个重要的意义就是为我们
物欲化的都市生活寻找新的根基。"

　　他是想保护乡村文化来解救现在的都市文明病。但是，现在乡村文化反被都市文明病冲击得支离破碎。我以为这个观点值得重视，但也值得分析。如果说，这是西方的意大利作家德·亚米契斯所感受到的都市文明病的话，那么用于说明中国的都市及乡村并不是那么恰当。中国的乡村世界与都市世界的分别从来都是一种潜伏在我们幽暗意识里的产物。追溯起来，从《红楼梦》刘姥姥进大观园就可以看出一些苗头。区分城市繁荣与乡村破败是我们文化价值观中人分"三六九"等的需要，是这种价值意识在居住环境配备上的反映而已。没有一个现代文明国家的居住布局，会像中国这样在没有肤色区别、没有宗教信仰差异、也没有文化价值观念的情况下，而这样地界线分明，等级森严。人与人之间是用户籍、单位及身份分成这样的两个世界。教育也只是为区分这两个世界服务而已。
　　教育无可避免地成了从农村选拔能够适应并且能够服务于都市需要的人才的工具与手段。而这个选拔的途径与手段就是考试，在双重不平等的剪刀差的考试竞争中（乡村办学条件很差，但录取分数反而超高），天然地决定了只有极少数有天赋及幸运的学生才可能有机会到城市里工作。即使是成功者，也是要奋斗多年才有机会与城市里的人坐在一起喝咖啡。这样的现状，其实与过去科举考试中举没有什么不同，只是现在的范围更为广泛一点而已。现在农村教育的成功的标志之一，就是能够输送一批孩子到城市里读书，将来能够留在城市里工作，做上"城市人"。这是中国乡村教育的唯一出路。在这一点上，我与铁芳先生都是比较典型的乡村教育中所谓成

功的那么一些极少数农村的孩子。像我们这样的大学生与研究生来到大城市工作，也要比别人付出大得多的代价。在改变自己的生活处境方面，固然有一些帮助，而且对改变父母、兄弟姐妹所在的家庭的面貌也会有一些帮助，但是对乡村的发展其实几乎没有任何帮助。因此，像我这样的大学生、研究生从乡村里走出了一茬又一茬，但是总是把一个落后的乡村留在了自己的身后。我们的幸运还在于我们那个时代的从乡村里走出来的大学生、研究生基本上在都市里得到了或多或少的一些回报，有的还成了气候，在都市里成了成功人士甚至一方诸侯式的成功角色与公众人物。但是，这些人能够对中国乡村所做的，也不过是衣锦还乡，光宗耀祖，回到家乡去做一番炫耀罢了。

农村的这种落后面貌是许多成功的中国人所需要的。他们需要农村的落后来保持源源不断地供应廉价劳动力，需要农村的落后来衬托出他们的成功。中国广大的农村，现在基本上还是两千多前老祖宗发明的老牛拉犁式耕作的生产方式。而日本在以山地丘陵为主的地形环境下，早就实现了农业的现代化。中国之所以不去推行农业的现代化，也是有难言之隐的。因为这意味着把广大农村极其庞大的劳动力解放出来，然后蜂拥到城市里来，这会给城市造成严重的秩序混乱。但是有限量的农村劳动力涌到城市里是城市发展的需要。所以，中国现在的农村实际还起到了一个劳动力过剩的保护地带的缓冲作用。中国每每在算失业人口时从来不计算农村里的人数，因为他们无所谓失业还是就业。所以说，中国农村与都市的差别是中国人的价值观念的一个反映，也是一种幽暗意识的物化表现。如果不能清楚认识这一点，我们就不可能真正认识到中国乡村的问题所在。说到底，中国的城市不是西方的城市，中国的农村也不是西方的乡村。其存在的原因与依据都与我们不同。

其实，我们的乡村遭遇破碎，并不是现在有了电脑网络才有的。我记忆中的美好乡村，现在已经不存在了。但是破坏的工作却是从我有记忆力的时候就开始了。我的老家是江西与福建交界的武夷山区，风景很美。在我小时候记忆中，四周的山上都是茂密的森林。但是，那时"农业学大寨"，山上的原始森林被砍得干干净净，如果仅是我们村子里的人去砍是永远也砍不完的。在我记忆中，连续砍伐近十来年的时间，而且是外面的大批专业人马开进山，用一辆辆大卡车无偿拖运出去，被砍伐下来的树木堆积在一起，把两边的马路都堆满了，几十公里连绵不绝。村子里的家家户户只需要把这些树木的树皮剥下来就够常年的生活燃料。那时，我很小，但是已经会爬到这些树木上去剥树皮了。这样的事情做了有好几年，这些树木才被完全运出了村子。

　　树林是人民公社的，乡村里没有人有权说话，也不敢说什么。一种合法的对乡村资源的疯狂掠夺，几十年来从来就没有中断过。我小时候记忆中，村里还有十几棵几百年的古树，也是在"农业学大寨"时被砍掉了。乡村的破败与荒凉不是自今日始的，而且现在也不是破败的终结之时。我非常庆幸，我们那个地方现在还没有发现任何矿产，否则的话，乡村的破坏会更进一步：矿产被人运走了，每年留下十几具村民的尸体，再留下一个污染极其严重的生存环境给村子。这样的情况相信在目前的中国并不少见。

　　在承认中国乡村文化破碎的同时，我们也要分析，中国乡村文化是否都值得保留？我以为这里需要分析。诚然，有一些乡村文化代表一种优良的传统，是一种优秀的人文精神。这在一些朴素的民俗文化、儿歌民谣中都有体现。这些文化是十分珍贵的文化遗产，应该重视并保护起来，还要加以挖掘，在学校中作为教育材料，让农村的学生认识自己的生存环境与生存之根，这是有意义的。但是，我读完铁芳先生的《文化破碎中的乡村教育》后，有一种感觉，就是铁芳先生是不是把中国的乡村文化与乡村教育过分地美化了？这种乡村文化及乡村教育其实只是在一些小说与电影中才会有的。

重视乡村文化及乡村教育的一个理由是让孩子接近大自然。回归自然，使心灵得到乡村土地的滋润，这个想法是好的。可是，接近大自然是不是一定意味着排斥都市文化？乡村的文化破碎是不是就意味着完全是一种消极的东西？我以为这个也要分析。作为农民的后代，我深感，农村的愚昧落后是一时难以改变的。铁芳先生说，他的村子里有儿媳妇打断九十高龄婆婆的腿并且打瞎一只眼的事情发生。这在农村是常见的现象。我小时候就没有少见这样的现象。可以说这并不是现在才有的事情。自"大跃进""人民公社"后，对乡村的影响不仅是物质环境上的，更是精神心灵上的。现在的许多村民并不懂得爱惜环境，他们根本没有环境意识。他们眼中的树林就是能够卖钱而已。一是因为他们太穷，没有别的办法，只有靠山吃山；二是他们根本就不知道山上的树林除了砍掉卖钱外还会有什么用。我记得 1984 年前后，那时江西省政府鼓励农民开垦荒山野地，种植树林。我与我老爸老妈一起种了几十亩山地，树木现在已经长大成林了。而且周边山地也全部长成了郁郁葱葱的山林，但是，这两年回家，几乎在一夜之间，这些山林全部被砍伐得干干净净。我家的树也经常被偷着砍伐。只是我一再坚持不要全部砍掉，才又多留了几年。不过，最后，还是全部卖了。卖掉的树，对方就用三光办法——砍光、挖光（树根）、烧光。给山头剃光头，大小都不留。然后再一把火烧了。看了很令人心疼。但是，没有谁提出反对意见，政府也放任自流。殊不知树林植被还有环境保护与生态平衡的作用。当地的林业部门也把这些树林看成是重要的财源。这是我第二次看见的砍伐之风。但是，这次更令人心痛，因为眼看着自己种植的二十多年的树林被人砍掉。其实自我在广州工作后，我们家不缺钱，并不想卖掉这些树，但是，你不卖掉也还是要遭遇被人砍掉的命运。一些农民是不能看见你家的树林长得这么好的。我去北方，看到到处也是在砍树，到处是为发家致富而办的伐木加工厂。机器轰鸣，乌烟瘴气。农村的污染已经远远超过了城市。有一个山村里的小学，60％的儿童得了乙型肝炎，他们出生时的条件都非常糟糕，大多数是在自己家里接生的。他们也都没有接种过疫苗，得了病也没有钱去治，而且他们几乎没有人能够理解这种病的危害性与顽固性。铁芳还说到那个杀人的农村初中女孩子的故事，我以为这个事的责任不能记在现在的网络信息社会上。电脑网络是不能负这个责任的。它只是为我们提供了一个人与人之间的交流平台而已。正如一个流氓地痞用刀杀人，你不能把责任记在这把刀上，而要记在人的身上一样。是我们作为教育工作者没有用好这个新生的事物。我们的学校曾经是否像美国日本学校那样组织学生做 WEBQUEST（网络探究活动），把网络信息作为新信息资源的来源，作为思想智慧的宝库？我们的学校教育没有这样去做，而是一味严堵死抓，然后把学生关起来搞题海战术，应付考试。但是，这只能关住孩子的身，却关不住孩子的心。在这一点上，从城市到乡村的教育，都没有什么区别。

重新建设中等师范，让毕业生留在乡村里传播文明的办法是好的。但是，这里也有问题，不说那些非常贫穷的西部落后地区吧，就以广东这个发达省份来说，前几年我还在《南方周末》上看到过一个报道，说广东一个山区的国家级贫困县的农村小学，当地连高中毕业生都不愿意留下来任教，代课教师只能从初中毕业生中选，而且那些愿意留下来的当小学教师的年轻人是村子里没有出息的那类。为什么？贫穷啊。在外打工的地位比在乡村里当小学甚至中学教师的地位都高。因为，他们挣的钱更多。面对这样的情况，我想办起师范学校，还有没有人会愿意去读？现在的农村存在着一种非常奇怪的现象，一方面大量缺乏合格的教师，缺口非常大，另一方面地方政府把教师的指标控制得非常死，他们宁愿大量使用代课教师，代课教师现在越来越多的是大学毕业生，他们必须比正式教师更卖力地干活，但是，工资待遇却往往只是正式教师工资待遇的一半，甚至三分之一。这种现象的存在，也不利于教育的和谐发展。一个受歧视的教师，他能够教出平等待人的人？这是很值得怀疑的。现在存在着一切向钱看、一切以经济为目标的思维方式与价值追求，许多地方都是用代课教师，他们的地位极其不稳定，责任心也受到冲击。教师完全只是看在钱的份上来工作，而地方政府担心增加教师会增加自身财政负担，所以也拼命地压缩编制。其实我们给教师的钱已经非常少。我所教过的一些大学本科生这次去求职，非常感慨，一方面学校没有足够数量的教师；另一方面他们求职无门。学了大学四年本科，找工作哪怕找一个农村的中小学的教职，竟然也十分困难。如果师范办起来会怎样？现在还不完全是教师安心不安心的问题，不安心的原因大多数情况也是因为生活没有保障，他们得不到作为一个人的基本生存资料。这与学历的高低并不是密切相关的。如果农村教师那微薄的工资收入都没有保障，那么不要说大学生，就是师范生也会逃到城市里去打工的。我在农村中学教过 6年，这种体验对我来说尤其深刻。所以，我现在非常不喜欢看一些大学教授、学者只会躲在大学里研究，用非常时髦的词汇，去写那些完全没有中国背景的学术文章，话语里完全没有中国现实背景，

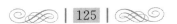

没有中国气派。这种研究实在是浪费生命与钱财，但是却成了学术水平的标准。如果按这个标准来衡量，恐怕陶行知先生都是不合格的。他写文章从来没有用那些时髦的词汇来表达不痛不痒的思想。

我常想，西方国家为什么就没有我们这样的乡村问题？而且他们基本上消除了城乡差异，甚至因为乡村环境好，有钱的人还纷纷搬到乡村里来居住。他们的乡村是真正的环境保护得很好的乡村。而我们的乡村却是新的污染重灾区、廉价劳力的输送地，以及展示成功的好去处。西方国家不会因为发达了，都市化了，就真正地远离乡土，相反他们越是现代化，越是注重回归大自然。这里面有着科学的认识，有着系统的理念支持。看看日本的中小学校吧，他们那么有钱，但是，他们的学校树木成林，绿草成茵。不用塑胶跑道，只用沙土作为操场及跑道，既价廉物美，又让孩子更好地回归了自然。都市里为什么就不可以回归自然？相反，我们存在一种病态的认识，我们的学校连教师的工资都发不出，但是却借钱建塑胶跑道，搞豪华气派的学校大门，建五星级的厕所，以显示现代化的气派。这都是传统的小农意识在现代社会中的反映。这与过去中了状元，做了高官，必定要骑高头大马炫耀于人的心理是一样的。表面看来是现代化，实际上是传统农业文明下，最顽固最愚昧落后的价值观念在起作用。让真正的现代文明对这些东西来一次冲击与涤荡可能会有好处。对于这种东西的破坏不但应该，而且必须，我们现在要建设好自己的乡村，其实同时也要建设好自己的城市。而且更为重要的是要让我们打开眼界，认识到真正好的乡村与城市是没有什么差别的。

真正建设好乡村的时候就是人们淡化了乡村与城市这个词的时候。乡村与都市一样需要开放，在开放的社会环境中发展自己。如果我们不去日本，不去美国，不去欧洲，不读他们写的书，我们怎么会知道人家的家园是怎么样呢？这就像完全不懂营养科学的一些农村人，他们拿几斤土鸡蛋，去换几包方便面给孩子吃，用以增强营养一样。乡村只有走出愚昧落后，才会有希望。

(2007 年 1 月 30 日)

让 孩子学会倾听与专注

去年，我带校长教育考察团去日本，导游告诉我，要使中国发展，先得让中国变成一个安静的国家。为什么要变得安静呢？导游说，因为安静才能够从容，安静才能够有办法，有智慧，有内涵，才不会在喧哗与浮躁中失去一个民族的精神内涵。我十分敬佩导游的这番高论。因为这番话说到了点子上，中国目前最为明显的特征就是缺乏宁静的心态，似乎没有安宁的灵魂。我们似乎无处不在追求热闹，无处不在追求一种能够充分外显的即时效应。但是，问题究竟出在哪里呢？

我曾经向几个朋友求证，他们说，学校里的学生就没有倾听与专注的习惯，原因何在呢？是因为他们的父母就没有教育好他们这个习惯。可是，他们的父母也曾经是学生啊，如此追究下去，是不是又要追究到孔夫子那里去呢？因为孔夫子确实也是一个不喜欢安静与寂寞的人，因此在《论语》一开篇就急切地呼吁："有朋友自远方来，不亦说乎？"可见，孔子也是十分害怕寂寞的人。但是，如果就此把责任完全推卸给他，也是不公平的。我去过基督教堂，也去过伊斯兰教的清真寺，还去过日本的佛教寺庙，感觉凡是有真诚宗教的地方，都容易变得庄严肃穆，无论外面的尘世多么繁杂喧哗，一到这些地方就显得清静庄重，有一种灵魂得到洗涤的感觉。但是，在中国的寺庙仍然没有这样的感觉，寺庙也仍然是十分热闹的，甚至与闹市也没有什么不同。

我记得杜威曾经表达过这样的意思，也即一个民族如果缺乏逻辑思维能力，没有理性的讲道理的习惯，那么就只有靠大声来表达意志了，因为大声才能够吸引人们的目光，声音的大小常常就是对错的分界线。在一个蛮族那里，要想当上这个蛮族的酋长，除了武艺与力气上的优势外，还必须要有声音的洪亮。但是，我们的语言里偏偏就保留了许多这样的词汇，如"理直气壮""声如洪钟"等。"理直气壮"的意思大致是说，凡有道理的人声音就大，反之声音小就说明理亏。在这样的价值判断面前要想让一个民族保持安静，让他们有宁静的心态是困难的。中国人在自己的家园里还没有什么感觉，因为大家都是大声说话的，四处都是喧哗的，声音大点也没有关系，但是一到国外，立即就显得特别明显了。餐馆凡是声音嘈杂的地方，就是中国人在用餐，其他公共场合，声音最大的那个人不用问，就是中国人了。我在日本的餐馆里用餐，看到里面有自己的同胞在喧哗的同时还猜起拳来，而且声音超大，令街上行人不时探头，以为里面在打架。

我们能不能让孩子在中小学时就学会倾听与专注？我想一个善于倾听与专注的人，一定能够保持一份宁静的心态。一个人学会了倾听，那意味着什么呢？就是他心目中开始有了他人，知道尊重一个人了，知道别人的思想意志值得你去尊重。而专注却是一个人认真思考与观察的前提，每一个人在对待自己有兴趣的事物的时

候，他们都会表现出专注的样子。我小学的时候从来无法集中注意力听完老师的一堂课，但是，课后我却能够对自己养的蚕宝宝长时间保持专注，专心看着蚕宝宝贪婪地吃着桑叶的样子。对蚂蚁在大雨前搬家忙碌的样子，也可以长时间保持专注。有专注的地方，才能够有所发现。我们的学生在课堂上很少有专注的时候，那是因为，他们常常被迫去学习那些他们根本没有兴趣的东西，我们把知识弄得支离破碎，把学习完全变成了有口无心的背诵。一颗颗本来充满好奇的心，都变得枯燥乏味了。我们的孩子如果在小学的时候，从来没有专注过什么，那将是教育的失败。如果他没有学会认真倾听他人的习惯，那么，他一旦走上社会必然是众多喧哗者中的一个。

学生的倾听与专注的习惯，当然首先来自于教师的示范。可是，我常常发现，我们的中小学教师，嗓音常常是沙哑的，有的年轻女教师的声音竟然变得粗壮如男士。她们一见学生就开始生气，一上课就像是在吵架一样。声音总也压不下去，久而久之，学生如果没有听到老师声嘶力竭的叫喊似乎也不太习惯了。当然，当一个教师要同时面对 50 到 100 人左右的学生的时候，几乎没有别的办法，只得声嘶力竭了。但是，我们的教师过多地使用声带，有着过多的口水话，渐渐地使自己变得婆婆妈妈起来。要让学生学会倾听与专注，就要从教师自己做起，消除多余的声音。一个喋喋不休的教师，只会让孩子觉得你不够厚重，缺乏内涵。教师也不妨从学会多听学生的话开始，学会对学生多一些关注。学生交给你的作文，虽然写得不是那么好，但是你仍然充满专注的情形，将自己真实的感情倾注下去。一个学生对你说话，你始终认真地倾听。教师首先要对自己的学生表示专注，然后，你的学生也会从中得到相关的启示。除了

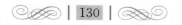

学生会喜欢你外，他们还能够从会倾听与专注的教师这里学会倾听与专注。会倾听能够赢得别人的有效交往，能够专注则会有自己的事业。我们作为教师，是不是可以试一试？

(2008 年 9 月 2 日)

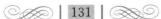

韩寒是中国教育的一面镜子

　　我虽然在年龄上比韩寒要长一辈，但是，我还是很佩服这个小朋友的。当我大学毕业，在中学任教，又去攻读教育学硕士，然后再到高校任教，如此先后在中国人认为最正统的道路上艰难折腾了11年之后，韩寒小朋友才刚刚上高中。

　　韩寒这个出生于1982年的一代新人，他身上所拥有的非凡的气质、独立的个性，以及过人的胆略与锐气，还有敢说，也敢行，且敢于负责的精神境界，是我们这一代人身上普遍比较缺乏的。他有许多非常独到的见解，也有许多的话显得是那样刻薄与尖锐。但是我们常常不得不承认，他所说的一些话里常常包含着深刻的哲理与独到的见解。他敢说敢行，敢担负责任。他的学历只有高中一年级，但是他能够靠赛车与写作养活自己，并且从中获得自己的尊严。

　　可以这么说，韩寒是我到目前为止所发现的，受中国教育与中国传统文化污染最少的一个人，而且也是能够绕开体制与传统的束缚生活得最潇洒的一个。他以自己作为中小学生的简短而深刻的体验感悟着中国的教育与中国社会，发表了不少看法，有许多都是一

语中的。并且他对教育与教师，都有过许多的冷嘲热讽，有些话说得还相当刻薄。但是，他说的是有道理的。话虽然难听，但是，事实就是那样。这样的话，常常也只有韩寒这样的人敢说出来，而且有能力说出来。比如他说：

> "教师本来就是一个由低能力学校培训出来的人。像我上学的时候，周围只有成绩实在不行，而且完全没有什么特长，又不想去当兵，但考大专又嫌难听的人才选择了师范。而在师范里培养出一点真本事，或者又很漂亮，或者学习优异的人都不会选择出来做老师，所以在师范里又只有成绩实在不行，而且完全没特长，又不想去当兵，嫌失业太难听的人选择了做教师。所以可想教师的本事能有多大。"

他对中国的家教成风也有过尖锐的讽刺：

> "教师不吃香而家教却十分热火，可见求授知识这东西就像谈恋爱，一拖几十的就是低贱，而一对一的便是珍贵。珍贵的东西当然真贵，一个小时几十元，基本上与妓女开的是一个价。同是赚钱，教师就比妓女厉害多了。妓女赚钱，是因为妓女给了对方快乐；而教师给了对方痛苦，却照样收钱，这就是家教的伟大之处。"

联系到现实中对教师无限拔高的宣传与低劣的待遇的反差，他说：

"中国几千年来一直故意将教师的地位拔高，终于拔到今天这个完全不正确的位置。其实说穿了，教师只是一种职业，是养家糊口的一个途径，和出租车司机、清洁工没有本质的区别。"

这样的话，身为教师的我，听起来确实是有些不舒服，但是，这也大多是事实。教师对自己的职业要有一个理性的认识，而且教师面对学生的生命要保持敬畏与谦卑，同时也要为自己的合法利益学会抗争与博弈，而不只是一味地抱怨。教师的待遇不是靠上级的怜悯与施舍所能够解决的，在这个意义上韩寒确实是值得许多中国的教师学习。其实如果把中国的教师职业看成与出租车司机没有什么不同，我想反而有利于提高教师的待遇。现在中国的教师被许多空洞耀眼的光环所遮盖，掩盖的正是微薄的待遇与低下的社会地位，却戴着与其实质情况完全不相符的高帽子。韩寒的话有利于还原教师职业的真实意义。不要用把教师职业捧为神圣的办法，趁机让教师过得像个叫花子。韩寒有时对中国的大学的讽刺也是很到位的，比如他说中国的大学"闭上眼睛以为是在牛津，睁开眼一看是在天津"。这样的话既幽默，又很有品位。中国大学的水平确实就是这样，韩寒虽然没有上中国的大学，但是，对中国大学的了解，比许多身在大学里的教授却要明白深刻得多。

在韩寒眼中，中国的许多所谓"专家"也是一群善于忽悠人的骗子高手。怎么忽悠人呢？韩寒说：

"答非所问；没有一个问题能在二十句话内解决；不论什么东西最后都要引到自己研究的领域中去，哪怕嫖娼之类的问题也是；喜欢打断别人的话，不喜欢别人打断他的

话；对无论什么东西都要分成几个方面去说，哪怕说的是一个道理；在否定一样东西前一定要肯定一下；在他们回答问题回答到一半的时候问他们记不记得刚才的问题是什么，他们八成不记得了；偏胖；说话的时候手一定要挥舞；被逼到没辙的时候总拿自己经历过'文化大革命'作为比别人强的本钱，但不能解释像他这样的学术权威为什么没有被打倒；被打倒的一定要让人知道自己曾经被打倒；总结性的话都能在死掉的人写的书里找到。"

虽然有些话可能比较偏激，但是却是非常形象准确到位地击中了要害。在中国许多专业里的所谓"专家"就是这样忽悠人的。甚至代表专业的最高水平的一些院士也常常是这样没有心肝，没有水平。

他对中国的官场也有独到的见解。他说："越小的官就越喜欢滥用职权。"这是自然的。官小，职权就小，本来就在官场上被挤压得没有多少空间，如果还不卖力地滥用，怎么会有小官的生存空间？被挤压后失去的利益与尊严，怎么可能再找回来？他还说：

"我们不能借着管理的名义欺负压榨一些穷苦百姓，也不能借着无法管理的名义放纵一些贪官贵人。如果像城管抓小商贩一样抓中国的大小腐败，那社会肯定更加和谐。国家肯定更加强大。"

"明明下流的人，凑一起就叫上流社会？"

这些话说出来，肯定是中国主流社会，特别是一些上层人士所难以接受，甚至是无法容忍的。但是韩寒潇洒的地方就在于他根本

不需要靠体制内供养。他是一株真正地营养丰富、生命力顽强、充满活力的野生植物。

但是，他对中国作协的讽刺才是最刻薄的。不过，这也只是说出了一个事实而已。他说：

> "他们的最大理想估计是文坛能变成一个敬老院。中国文学没有起色的很大原因是有这些做事说话极其不负责任，但又装出一副很诲人不倦的样子的人长期占据文学评论的权威位置。"

> "什么坛到最后也都是祭坛，什么圈到最后也都是花圈。"

其实何止是中国的文坛作协如此？在中国，哪个行业，哪一个部门不是这样？中国岂止是文学没有起色，事实上没有几个行业与部门是有起色的。韩寒对文坛与作协的讽刺，同样也适用于教育、学术研究与官场生态及其他部门。

但是，韩寒的亮点还不在于他一针见血地说出了中国社会的许多弊端，而是他用自己的思想与行动，为自己的主张去辩护、去抗争。在竞争如此激烈的时代，他以一个高中没有毕业的学历，潇洒自如地生活着，完全按照自己的生活理念与理想追求生活着。韩寒的成就及其天赋，当然是无法复制的。但是韩寒的价值观念与人生追求却是在中国具有普遍意义的。在中国的传统文化与教育中，最缺乏的就是韩寒式的独立思考，自由言说，敢于行动，勇于担当责任的精神。这种精神，在一个民主法治社会里，恰好就是合格的公民精神。在这一点上，韩寒无疑是真正代表了中国未来社会发展的方向。

韩寒对自己的能力、天赋与中国社会及教育的时代弊病都把握得很准。他在高一时参加全国新概念作文竞赛可以以《杯中窥人》轻松拿下一等奖，但是他在中学的七门功课竟然都不及格，面临留级抉择。但是，他没有让这种陈腐的教育制度有机会来摧残他的天赋，他选择了开除学校，开除中国现行的教育体制，甚至包括了拒绝上中国的大学。中国的教育基本上是以磨灭学生的好奇心与求知欲为目标的，教育方法使用得最普遍的就是用以消磨人的独立个性与思想锐气的"规训"术。越是使用"规训"厉害的人，也越是没有思想，也没有心肝的人。可以想见，如果韩寒不选择退学，他还能够选择什么？因此，完全有理由说他是受中国教育时代病毒污染最少的人。作为具体个人的韩寒，他是中国出现的一个特例，但是，就其独立的品质与自由的个性来说，却是民主法治社会的通例。韩寒无疑以他自己的思想言行，以他自己的行动效果，为中国的教育，也为中国的社会树立了一面镜子。韩寒的才能与天赋是无法复制的，但是韩寒所选择的价值观与人生观，却是中国最缺乏，也是最迫切需要的。其实每个人都可以有属于自己的精彩，我们当然不一定要在具体的生活方式上模仿韩寒，但是他的那些独立的品质与自由的个性，却是一个时代的呼唤。每个人都可以成为独特的你自己、精彩的你自己——这就是韩寒为中国教育树立的一面镜子。

（2008 年 11 月 26 日）

保 护儿童的惊异感与好奇心

　　我们传统教育的要害之一，就是千方百计地挖掘儿童的记忆力，用所谓的知识把儿童的大脑填充满，就像用垃圾充满一个垃圾箱一样，而且评判的标准就是越多越好。但是，实际上这是一个重大的误区。真正的教育不是这样的。儿童的大脑不是用来填充的容器，而是有待点燃的火把。所有知识的价值，都只是用来促进儿童思考，锻炼他们思维能力的。知识不是用来储存在大脑里的，而是用来解决问题的。

　　爱因斯坦曾经多次论述过关于教育的问题。他特别强调的是教育要保护儿童的想象力、惊异感与好奇心。他认为这些品质远比一个人掌握的专门知识更重要。同时他认为一个人提出问题的能力，远比解决问题的能力重要。这里的重要性的顺序是不能够颠倒的。其实一个人的惊异感是非常重要的。柏拉图也说过，哲学根源于惊异。亚里斯多德也说过，由于惊异，人们就总想去探究，去弄清那些奥秘。在西方的学术传统那里，没有什么东西是特别值得用来填充脑袋的。而问题的产生，才是关键所在。看出问题，不仅仅是用肉眼观察的结果，更多的时候是视角的转变，是心眼观察的结果。因此，真正的"看"其实是大脑思维与灵光闪现的结果。只有智慧之眼，才能够在一般人看来平淡无奇的地方看出惊异之感来。2+2＝4，本来是一道最普通的小学算术题，但是，在刚入学三个月的小爱迪生看来就是感觉特别奇怪的。正是这种惊异感与好奇心，使得他后来成了世界发明大王。一个儿童常常惊异于成年世界里的平凡事物，那就是发现的原动力。困惑是必要的，那是真正求知的动力源泉。

但是，中国传统教育的弊端就在于，我们重视有形的知识，认为其远比无形的惊异感与好奇心重要；而不能够看到，人类正是因为存在着惊异感与好奇心，才导致了问题的产生，问题的探究与解决必然会导致新的知识的产生，人的质疑精神才导致了批判与问题的提出，才导致人们追求新的确定性。一个人只要有了丰富的想象力、惊异感与好奇心，那么他不但能够掌握旧的知识，还可能创造出新的知识，他就总能够保持创造的热情与冲动，也总能够保持旺盛的求知欲，从而不断地产生新的知识与思想。这就是人类不竭的创造力的来源。保持了惊异感与好奇心，就保持了知识的源头，就像河流保住了源头一样。

惊异感与好奇心，是每个儿童与生俱来的心理品质。只要不被破坏，这本身就是儿童的天性之一。陶行知先生说过，别小看儿童，他们提出的每一问题如果都能得到解决，就足够获得 100 个博士学位。三岁的儿童已经能够问：我是从哪里来的？人死后去了哪里？这些问题仔细想来都是人类的基本问题，都触及了人类的终生境况。因此，大哲学家必然是那些保持了儿童天性的人。有的还终生保持了儿童天性。像爱因斯坦这样的人，本身就是最形象的说明。他因为具有这份好奇心，使得他总能够在别人看来平淡无奇的地方看出惊异之处。他曾经感叹，我们的传统教育居然没有把儿童的惊异感与好奇心完全灭杀，这本身就是一个奇迹。那些在艰难困苦的环境中居然仍然保持了这份儿童天性的人，就是那些具有高度创造力并且能够为人类创造奇迹的人。知识的获得，技能的训练，常常是与这份惊异感与好奇心是相反的。尤其是当那些知识被当成背诵材料，完全依赖人们的记忆，而不是对问题追问的时候，这样的知识的获得与技能的训练都会损害儿童的这种天性。只有让儿童围绕问题的提出与解决来掌握知识的时候，这些知识才是有利于思考的。爱因斯坦在解决相对论的时候，产生了缺乏数学工具的尴尬与遗憾，于是去重新掌握数学工具。这样的掌握就不仅是牢固的，而且是鲜活的。知识就被驾驭在能力与问题之下，而不仅仅是填充在脑袋里，成为妨碍思考的垃圾。良好的知识状态就是每次获得一个新的知识，都会导致更多的疑问。从而越来越惊异，越来越好奇，越来越具有怀疑与批判精神。怀疑与批判精神才会导致确定性。任何一开始的未经深入思考的盲目信从，都最终以怀疑而告终。只有经历过深入批判分析之后，那点确定性的知识才会在内心深处深深扎根。

用死记硬背换来的教育成果，那是一种无视人的尊严，不尊重人的天性的野蛮做法。因为，这里的思考能力是次要的，想象力，发明与创造也是不重要的。记忆之所以被反复强调与滥用，完全是听话与服从要求的结果。听话与服从确实需要有良好的记忆力，以便把权威的话都牢牢铭记在心，或者把圣贤的话牢记在心，以应付考试，在权威面前随时调用，应对来自上面的追问。一种教育方法，一种学习方式，后面都是源自一种对人的理解，对社会的理解，特别是对价值的追求。教育质量如何来评判？这要根据一个社会对人的要求，对学习的理解来把握。简单地说，哪里的社会发明创造多，哪里就具有良好的教育。良好的教育不能够教儿童创造与发明，但是，却是能够较好地保护与培育儿童的惊异感与好奇心。做中学，研究性学习，小班制教学等，都是围绕着保护儿童这样的天性而设置的。

(2009 年 3 月 3 日)

创 新为什么重要？

　　自从美国的托马斯·弗里德曼在其名著《世界是平的》中宣称有十种力量碾平了这个世界，我们才这样清晰地意识到我们已经置身于与以往任何时代都不相同的一个世界。这个世界因为信息化，已经由金字塔型变成了今日的扁平型。"记问之学不为师"，虽然我们这个古老的民族一直有这样的思想，但是不幸的是，我们这个民族的教育一直把"记问之学"当成教育的内容与目标。没有哪个民族像我们这个民族这样把记忆力使用到了如此极限的程度。

　　但是扁平世界的到来，特别是信息化的到来，使我们每一个人在任何地方，都可以非常轻松地发表自己的个人见解。而且每一个人的思想信息都可以通过互联网络与世界上任何角落的人分享。不但开始可以有自己的声音，而且可以有自己的文字，甚至有属于自己的思想宝库。这些人说话，除了暂时还不能实现作为谋生或者发财的手段外，已经解决了思想的意义问题。一个想说话的人，可以不理会名气，也可以不理会经济效益，但是，他不能不理会因此而带来的意义。思想就是意义的化身。

互联网与博客的到来，使得那些只需要记忆的文字材料已经在学习中很不重要了。因为，手中一个移动硬盘，或者一个播放器，已经可以将一个小型图书馆的资料装入口袋里，并且随身携带。还有谁的记忆力会比一个 100G 的硬盘容量更大一些或者会更准确一些？在古代，信息只有从老师与圣贤书上得到，而且数量少得可怜，一旦丢掉这些信息，等于什么都没有学到。所以，那个时代必须要反复记忆背诵那点前人的文字，老师的话也成为必须严格遵守的格言警句。遵从老师并继承师门成为一个铁定的法则，一些秘诀也成为正宗嫡系才有资格传授的宝贝。中国几千年来的教育，最基本的方法就是背诵，检验的方法就是以背诵为主要特征的考试，人的大脑的主要使用形式就是记忆力。但是，现在电脑时代，互联网时代，博客时代与搜索引擎年代，这些东西都已经不再重要了。如果你不懂某个名词概念，只要用搜索引擎一搜就会有相关解释，甚至就是某一篇文章或者某一本书，也可以用搜索引擎来解决。在是什么的材料问题上，现在已经不是很重要了。利用信息的能力，自主创新的能力已经成为新型人格的重要标志。创新已经不仅仅是一个精英人才的素质要求，而且也是一个普通公民的要求。人们置身于信息的海洋中，对于一个缺乏创新能力与缺乏个性与生活主题的人来说，这种多元信息对他的生活、工作的冲击力是非常强大的。一个人在社会上的影响力，已经不完全取决于他的社会地位及其在社会中所担任的职务，而且也取决于他的创造力，他的思想与语言冲击力。一个人也许可以通过他所处的社会地位及身份产生社会影响，但是穿越时空而持久的影响力却最终还是取决于他富有创新成果的思想。创新的思想永远是富有时空穿透力的，只是过去要做到这一点需要数百年，甚至上千年时间的淘洗，但是互联网、信息化社会的来到，这种影响力在时间上的滞后性已经大大地缩短了。影响力与创新能力几乎是在同步进行着。一个人只要拥有一台电脑与一根互联网的网线，他就可以向社会乃至全世界发布他的想法，而且随时随地，非常方便，低成本甚至零成本。

要想不沦为世界的打工者，不成为别人大脑的工具，你就必须创新。因为创新才有知识产权，才有新发明与创造，才能够把产品做得永远一流。一个只会靠盗版维持的民族是不会有出路的。大脑的智慧是用来创新的，而不是用来记忆的。一个民族最宝贵的财富永远是大脑里的财富，只是这个大脑一定要是善于创新的大脑，而不是只会记忆的大脑。在某种程度上说，记忆力过多过滥的使用只会使创新能力减退。一个民族的创新能力是怎样被消灭的，去看看这个民族是怎样被一些陈词滥调的十分僵化了的东西充斥了大脑而变得愚蠢的就知道了。

现在我们面临的危险就是，世界变得扁平了，信息化了，但是我们的教育体制与人的素质都还停留在千年来的一贯水平上。也就是教育的基本特色仍然是以记忆与背诵为主。中国式的应试教育，正在把中国人的创新能力剥夺殆尽。如果还没有意识到这是一种民族危机，那么，这也正好说明了我们应试教育的成效是非常显著的，人们已经麻木不仁到了对一个变化莫测的世界浑然无知的地步。学校如果教给学生一点点方法与技术，并且创造一些条件，那么学生对于知识与信息的掌握就会非常方便，现在重要的不是信息与知识，而是利用信息与知识的能力及意识，还有利用这些知识信息进行新的创造与改进工作与生活的能力。不幸的是，我们的教育仍然把学生宝贵的大脑当成记忆的仓库，把自以为是正确的东西，实际上只是一些文字垃圾充满了学生本应智慧的大脑。他们本来是带着旺盛的富有创造力的生命来到学校，但是当他们毕业时，再次从学校里走出来的时候，他们不但失去了创新热情与能力，而且也失去了起

码的学习的热情。他们没有问题，没有批判意识，只有软弱的服从与无条件地接受的能力。

世界在变，但是，我们还没有准备好。更重要的是，我们似乎根本不想有所准备。创新是需要有所继承的，但是我们长期以来存在着一个误区，以为只有完全把前人的东西都继承下来了，才能够谈得上创新。其实，前人的东西不是来让我们继承的，而是让我们来批判的。他们的东西是引发我们进一步思考的材料，却不是我们背诵的东西。只有当这些东西能够进一步启迪我们的思考与激发我们创新的欲望的时候，这些东西才会有价值。而且这些东西才可能真正转化成我们思想的养料。"记问之学不为师"，那么只有创新才是真正的教育。可是，我们的教育只能教学生以前的东西，如果创新能教，则已经不是创新了。所以，这里存在着两种完全不同的启发方式，一种事先预定有一个权威的正确答案在老师那里掌握着，然后老师千方百计地引诱学生钻进这个答案的圈套。另一种就是任何思想知识的学习与碰撞都不过是为了激发新的想法，并且通过这种方法养成有效的思考方式。这里的启发充满怀疑，并且没有任何权威答案。每个思考的人都要用自己的生命来面对思考的对象。生命中的创新能力是与生俱来的，教育的功能应该是保护这种创造的天性，而不是肆意地改造人的天性，破坏人的创新能力。一切知识都是创新的工具，是人思考的材料，是人的奴隶，而不是人沦为知识的奴隶。一个人可以引经据典，可说某某怎么说，但是永远不要放弃自己怎么说的权利。知识的全部价值都是相对于你的生命主体来说的。在所有的怎么说中，只有你怎么说才是最为重要的。

现在真是每一个教育工作者重新思考教育内涵的时候了。

（2007 年 10 月 25 日）

第三编　守望现实教育的良知

"红领巾"与"绿领巾"折射出来的教育悲哀

　　本来这个话题已经是三四年前的旧闻了。但是，由于这几天在广州大学城讲课时不经意之间就列举了有关这个方面的案例，却当场遭到了一个坚决捍卫教育尊严的"爱国"女学生的质疑，要我现场拿出证据，好在广州大学城的教室上课条件不错，在教室里就可以上网，我用搜索引擎搜索立即显示出有 1 5000 多项有关此类的新闻网页，虽然有的已经是三四年前的旧闻了，但是今天再谈也不是没有意义。而且据报道，一些比较落后地区的学校让学生戴绿领巾的经验与办法居然都是从北京与上海这些发达城市里的学校里学来的，不是无师自通的。可见，这个现象并不是因为偏僻落后闭塞的原因才导致的，而是折射出一种根深蒂固的可怕的教育观念，是一种沉重的教育悲剧。现在要通过教育来抢救孩子，但是抢救孩子的前提就是抢救教育。这个任务真是任重而道远。

　　我向来提倡学生学习的首要任务就是学会质疑问难，对任何东西都先要表示怀疑，但是怀疑要建立在逻辑理性与证据的基础上，而不是抱着所谓的"爱国"的情绪来抵制。其实，并不是你说自己国家好就等于是在爱国，有时爱国更主要是要表现在发现自己的落后，承认自己的不足，然后努力寻找到解决问题的办法，从而建设好自己的家园，这才是真正的爱国。现在因为受到一种"爱国主义"的教育，我们的青年学生常常沦为"愤青"，上课的教师似乎不能够批评我们现在真实存在的问题。

因为时间关系，我把有关红领巾与绿领巾的旧闻放到我的博客上后，却没有能够进一步地认真分析我们一些学校为什么会这样，这样做的后面有什么价值观与动机，这样做的理念究竟是什么，其实这些因素还是值得好好分析的。这些有关红领巾与绿领巾的情况在不同地区与不同的学校似乎又有不同。有的是因为成绩不好而配戴绿领巾，有的学校却刚好相反，绿领巾是远比红领巾要高级的一个身份标志，为数不多，是红领巾中的大哥大或者大姐大。看报道说，有些小学生因为戴上了绿领巾而自觉高人一等，充满自豪感，如此等等。可见，无论怎样分出不同的颜色，也就是要强化身份等级，把孩子从小就分出三六九等来。

中国由于缺乏"上帝面前人人平等"的价值理念，相反有的只是无处不在的身份等级制度的"官本位"制度与思想观念。因此，中国社会打上这样的等级标志也是自然的。其他方面的等级我们似乎可以理解，也可以宽容，但是，学校这样的不断强化等级森严的标志，却是对学生幼小心灵的一种无可挽回的伤害。其教育结果只能够是"歧视"与"仇恨"，戴上红领巾的，自然因为"进步"或者"先进"，因而有高人一等的优越感，感觉自己有歧视戴绿领巾的同学的资格，而被迫戴绿领巾的学生，内心里自然会产生一种莫名的"自卑"感，当然随即而来的也可能是"仇恨"感。这种教育究竟要给孩子幼小的心灵里撒播下什么样的种子呢？

我去日本、韩国参观他们的学校，他们的学生无论哪个年级的

学生，都是一律的学生制服，而且是质料非常好的那种，除此之外学生之间没有任何区分的标志。他们的学校之间也没有等级之分，教师也没有职称的高下，没有优秀落后之分。似乎处处都在强化一个"平等"观念。学生穿校服本来就有利有弊。弊端就是磨灭了学生与生俱来的个性，但是也有一点好处，就是可淡化学生的家庭背景及出身的贫富，有利于培养学生的平等意识。培养学生一种人与人之间的平等意识是非常重要的教育任务。但是，我们的教育却从幼儿园开始就在把孩子分成"好孩子"与"坏孩子"，上了小学，又是"少先队"，又是小队长、中队长与大队长。后来"少先队员"多了，感觉所划分的等级实在不够严密，因此，又搞出一些学生配戴绿领巾的层次。只是有些学校把绿领巾当成不及红领巾的差生标志，有的则当成比红领巾高得多的另一个高级层级，总之是要增加身份级别的。这些孩子从小眼中就有等级思想，就有身份级别意识，我们的教育其实就是在培养及强化孩子的身份等级意识与"官本位"意识，增强那种身份歧视感与优越感。这样的歧视感与优越感，一旦泛化立即就可以演化成种族歧视、民族歧视、地域歧视、性别歧视、年龄歧视、学历歧视、家庭出身歧视等五花八门的歧视。其实只要细心观察，中国社会自古至今，自上到下，无处不充斥着各种各类的歧视与偏见。古代北方的中国人称南方人为"南蛮"，现在改革开放之后，南方的经济发展了，又反过来称北方的中国人为"北佬"，都是带有强烈歧视与偏见的称谓。我是江西人，这个不南不北的地方，常常就遇到这样的尴尬。在北方读书时被人称为"南蛮"，到了广州又常常被为"北佬"或者"外省仔"。看看我们的教育就不难理解这些后面的偏见与歧视了。

一个社会落后还不可怕，怕的是落后了不承认，但是更为可怕的还是落后了还不知道。如果我们的教育行政管理者，我们的校长、教师及学生能够有多一点机会走出去看一看外面的世界，就会知道我们花了那么多的钱所办的教育，其实只是一种反教育而已。但是，长期以来我们就是这样做的，而且代代相传。这个过程会给我们的孩子多大的失落感？马加爵的悲剧并不遥远，这样的悲剧还会在红领巾与绿领巾的较量中生根萌芽并漫延。

作为学生身份等级的红领巾与绿领巾都应该休矣！

（2008 年 4 月 21 日）

累　死在讲台上的老师，不是好老师

　　《中国教师报》有一篇文章说："做一个优秀教师，不需要累死在讲台上。"（苗旭峰，《做一个优秀教师，不需要累死在讲台上》2009 年 4 月 27 日）这个观点我是非常赞同的，但是，仅仅这样说，似乎还不太够。因为，我们有太多宣传教师累死或者病死在讲台上或者学生作业本上的报道，这实际上起了很大的误导效果。使中国人对教师职业的认识不是被神化后送上祭坛，就是被丐化成寒酸样。被神化的描述，如"太阳底下最光辉的职业""春蚕蜡烛"，仿佛教师应该是不食人间烟火似的；被丐化的教师如武训，以做乞丐的方式成为名师。多少年来，教师的正当权利就被这些美丽的大词与病态的教育故事给淹没了。

　　为什么说累死在讲台上的教师不是好老师呢？因为，累死在讲台上的老师，他缺乏起码的人的生命保护意识，也缺乏家庭的责任感，他忘记了自己的工作是以旺盛的生命力来为学生展示健康的生命与智慧的工作，而不是在学生面前展示伤累病死的。教师在学生面前需要的是健康、阳光与智慧。人不是神仙，生老病死是人的常

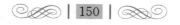

态。每个人都有累的时候，都有病的时候。如果累了，就休息；如果病了，就去医院及时治疗。真正好的老师就应该病死在医院里。因为病死在医院里，说明他的生老病死是有保障的。同时教师的工作是后继有人的，那么多的大学生，他们充满青春活力，长期找不到工作，病了，就把位置让一让，让自己好好休息养病，对自己好，对孩子也好。让孩子从小就从健康的人那里获得对生命的尊重，对生活的热爱。人生就是这样，新老交替，循环往复不已，没有人能够不朽的。但是，健康的生命与智慧却永远是教师职业所要追求的。

那些累死在讲台上的老师，其实是一种宣传的受害者。他们本来应该获得的权利被这种宣传剥夺了。那些夺人眼泪的演讲与报道，其实是在用一种非理性的态度掩盖教育存在的种种问题，掩盖教师们被剥夺了的应得利益。他们被一种温柔甜蜜的方式伤害着剥夺着却不自知。在美国、日本、欧洲这些发达国家，他们的教师从来不需要累死在讲台上，看他们的电影，也没有教师非穷即酸，非病即死的，他们的教师即使在电影里，也是显得阳光与健康的。但是，正因为这样，他们的教育才是成功的。他们有很好的教师福利保障制度，工作时间与工作量都是法定的，所得到的待遇也是法律规定的。他们保持公民的权利及做人的尊严。也正因为这样，教师职业才是有吸引力的，才是有尊严的。教育事业才能够后继有人。但是，中国优秀的教师都被宣传为非病即死，而且越是优秀的教师，越是感动人的教育事迹，就越是伤老病残死。那些经常被报道累死在讲台上，累死在学生作业本上的教师事迹，无疑在赚人眼泪的同时，也让后面欲从事教师工作的优秀年青人感觉不寒而栗，也使得正常的教师待遇被这种病态的宣传所掩盖与剥夺。

（2009 年 4 月 29 日）

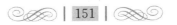

教 什么与怎样教，哪个更重要？

　　记得老朋友子虚先生曾经主持过一个网络讨论：教什么比怎样教更为重要。可惜我当时没有时间去参加讨论。也不知道讨论的结果如何。不过，我对这个话题还真是有一点话要说。

　　如果笼统地说谁更重要，恐怕是永远也说不清的。所以，我以为要具体地来做一点分析。教什么是重要的，怎样教也很重要，关键是在什么情境下，针对什么性质的知识。美国的心理学家布卢姆把教育的目标分为：认知类、情感价值类与动作技能类。如果知识是认知类与技能类的，我以为怎么教有时比教什么更为重要；如果知识是情感态度价值类，那么显然教什么比怎样教更为重要。这里我着重区分认知类与情感价值类的目标。

　　认知类的知识，更强调怎样教，而不是教什么。比如数学，大家都学对数，过去我们只是满足把对数的运算法则告诉学生，让学生能够达到运算及解题的水平就可以了。但是，就数学来说懂得某个公式的运算法则是一回事，能够懂得某个公式代表的真实世界的意义是另一回事。但是，我们的考试常常只要求学生会用公式来运算就万事大吉了。美国中学里讲物理中的浮力，他们是让学生几个人一组去亲自动手来合作完成一个皮划艇，这样就花去了学生两个星期的时间，学生还没有触及浮力；然后才由教师把他们带到湖边，让学生坐在皮划艇里体验一下浮力，再去看看重量与吃水线之间的比例；再由此来让学生自己发现浮力公式，重复古希腊阿基米德的故事。而我们的教学一般是直接把浮力公式讲给学生听，然后要学生记住这个公式，最后出一个题目来让学生解，也无非是计算浮力是多少。这一切都可以在黑板上完成。如果在纸上来考浮力相关的题目，我们的学生会比美国的学生有优势。因为在这之前我们的学生有几个星期的时间搞题海战术的训练，解题是没有问题了。但是，如果论体验深刻，懂得发现问题和独立解决现实问题来说，我们的学生可能远远比不上人家。我们是讲究效果的，但是这样的效果只是相对于纸上的考试来说的，一旦走进实验室里，我们的劣势立即显露出来了。所以，学校里对于自然科学等认知领域里的东西，很显然是怎样教比教什么更为重要得多。

　　另一方面，我们也可以看到，在情感态度价值类的目标下，教什么就比怎样教更为重要。比如德育，我以为内容就比方法重要。但是，我们似乎只是一味关注形式上的东西，而忽略了内容上的合理性。比如，爱国主义教育，我们只是表面地强调爱国，然后就只是一系列形式上的东西。但是内容上却从来没有真正的公民教育的内涵。这样的教育你怎么能够指望学生会有真正的爱国思想与爱国情感呢？因为这些形式远离了学生的真实生活世界与情感世界。公民教育缺乏，爱国主义教育就会显得苍白无力。因为公民是把个人与国家密切联系起来的最好的桥梁。国之于个人的重要性正在于国可以保护个人，国之不存，人将焉附？而国家的存在是因为人的生命需要保护，幸福需要保障，所以国并不是高高悬挂在每个人的头上的，而是融化在每个人的生命中的。而能够将个人的情感世界与抽象的国家概念联系起来的，也只有公民的教育。公民的教育，用个人的具体生活把抽象的国家概念形象化、具体化，从而让人切实可感。这样的情况下产生的爱国情感就不只是国家有难的时候，更主要的是表现在国家繁荣稳定的时候。但是，我们现在的爱国情感似乎只是表现在国家危难的时候，而平时却忘记了还有一个国存在。其实，真正的爱国情感更多的是表现在和平建设国家的时候。

引导儿童具有一种什么样的价值观有时比怎样去教育一种价值观更为重要。如果我们只是强调如何喝水而不去关注水的质量的话，可能对人的身体产生更大的危害。但是，我们现在的教育，就是以为内容上没有问题，特别是那些思想原则，以为都是没有问题的，所以我们的教学改革关注方法比关注内容要多得多。我们的教育内容上，特别是在历史思想、人文学科上的教育内容确实是应该好好反省一下。

在人文学科上，内容的重要性远大于方法的重要性；而在认知领域里，方法的重要性远大于内容的重要性。但是现在看来，我们恰恰在这个方面是颠倒过来了。在认识领域我们太注重教什么了。以为教过了什么，学生就会了什么。所以不惜脱离学生的经验与理解力去用题海战术来训练学生，却没有想到从此扼杀了学生的创造力与想象力。用死的僵化的知识填充学生的大脑，使学生的大脑也变得僵化了。但是，在价值情感方面，我们又过分强调了方法的正确性。好像只要用了恰当的方法，就是让学生喝了毒药也是没有关系的。比如，用那么大的精力与心血关注学生几根头发的长短与发型的样子。有必要那么强求一致吗？头发长那么一寸碍谁的事了？但是人们就是喜欢这样。我想如果我们去仔细地分析一下，我们学校所做的许多工作其实都是没有必要的。学生负担那么重，教师每天那么辛苦，但是我们的教育是有效的吗？是有必要的吗？我们教育所做的是有利于学生健康成长、身心和谐的吗？但是，这样的问题却没有人去追问。上面发号施令，下面唯命是从。人的个性与独立精神就是这样被阉割掉的。

美国的教育敢于把 150 年前美国的一个非暴力反抗政府不法行为的思想家亨利·大卫·梭罗的《论公民不服从》编入中学语文课本，而且向学生提出了非常有挑战性的问题。不但教育学生公民的历史，而且教育学生怎样去做一个合格公民。公民并不只是一味听话服从，公民更应该学会独立思考，还应有依据法律和良知与不合法行为抗争的义务。对比之下，我强烈感觉到：如果"怎样教"出了问题，这只是一个技术细节问题，在很短的时间里就可以得到纠正。如果"教什么"出了问题，那么这就好像走错了路，时间越久，走的时间越长，离正确轨道就越远，也就越执迷不悟。

(2006 年 11 月 3 日)

一篇女中学生日记所折射出的教育沉疴

刘铁芳教授主编的《现代教育的生命关怀》之所以编辑得很成功，主要原因之一就是这里精选了从不同的人与不同的角度来看我们教育的生命关怀的各类文章。这里有著名的专家教授谈教育，也有普通中小学教师、班主任谈教育、谈读书，还有专家教授与普通中小学教师之间的对话互动，有人物专栏，都是活生生的至今还活跃在教育一线的教育工作者们的真实的人与事。

除此之外，甚至还有精选的中学生的一组日记，从学生自己生命的角度谈对教育的感受。这部文集中精选了湖南第一师范 2005 级中文系学生万如同学的一组日记，这是一个当代普通女中学生的普通平凡的一组日记，所记载的东西没有什么特别重大的可歌可泣的故事，全都是一些平淡无奇而又无奈的生活与学习中的琐事，却可以从中折射出中国当代教育最真实的一面。

因为我的中学生活与万如同学的中学生活相比整整早了 20 年，而且，我在整个中学阶段也有记日记的习惯，特别是在高中，几乎一天都不曾落下。于是，我特别关注这组日记，我极想知道，20 多

年前作为中学生的自己，与现在的中学生相比，究竟有什么不同。而且，看看他们所受到的教育，所思考的问题，所处的生活状态，看看 20 年来会有什么变化。一个是 20 世纪 80 年代中期的中学生，一个是进入 2000 年以后的中学生，在这 20 年间，比较一下新老两代人的日记是很有意思的。因为我的日记完好地保留着，现在翻开来看，里面除了我作为男生及自己的农村家庭背景不同外，其他使用的语言，所关注的问题，内心的焦虑与困惑，几乎如出一辙。我不得不惊叹于，中国教育即使经过 20 年的风风雨雨，也仍然在高考的大一统笼罩之下，几乎近似雷同。

万如同学的这一组日记，选的是 2002 年 11 月 4 日到 11 月 17 日的日记。每次记得都不长，但是每次都真实地再现了那些天的人与事，特别是围绕着考试准备的过程、考试过程，以及考试之后的各种不同反映。有来自家庭的，有来自学校的，有来自同学的，也有来自任课教师与班主任教师的。特别令我感到震惊的是，期中考试之后，班主任老师立即根据学生的考试分数，重新在班上排列座位表。万如这次考试不理想，成绩排到了班上第 42 名，结果班主任重新编排座位时就把她排到了倒数第三排，这是因为分数而受到歧视的排位。但是，万如当时只会埋怨自己：

> "虽然说我不想坐这么后，但这又能怨谁呢？谁要自己
> 不努力，自己种的苦果自己尝啊！"

翻开自己当年中学生时的日记，也无不是围绕着每次考试分析自己的得失，考得不好时，就只好深深地埋怨自己，感觉自己对不起父母。不过，那时，我们考试班上虽然也排名，但是，我们那时的班主任尚且还没有学习现在的《班主任兵法》或者《班主任工作

漫谈》之类的思想精华，还没有想到因为我们成绩不理想，怎么来特别治理收拾我们。但是，现在真的是不同了。我对照着自己中学时的日记，虽然每次考试也是非常焦虑，也对自己没有考好感觉特别内疚、伤心与痛苦，但是，毕竟那时我们班上还可以组织去几十公里外旅游，甚至在水库里游泳、野炊，偶尔还有几次一起去参观农场或者全班同学一起去看个电影，然后写影评比赛之类的事情。高考的压力虽然大，但是，即使在高考三天里，我也没有停止写了多年的日记。想一想，现在的孩子虽然在扩招之中，上大学似乎更容易了，但是，高考的压力比起我们那时来似乎还要严重，因为升学的压力与就业的压力交织在一起。万如同学在这些日记里写到自己过生日的情景，但是即使就是过生日，家人坐在一起谈论的也还是学习成绩，谈的是考到什么学校之类的事情。过生日也没有真正的快乐，万如同学在这里这样写道：

> "下午吃晚饭时，奶奶做了很多菜，也就是俗话说的'十个碗'，一大家子的人围一桌子为我过生日，我好幸福啊！我面子真大！"

可是，还没有幸福多久，大家就开始谈起学习的事了，把生日的事及生日的主人完全抛弃在一边了。随后万如同学记下了这样一段话：

> "吃饭时，大人们照常谈起了我们的学习，大家都说：'戴珂在八中，以后前程似锦，将来当什么什么……'我似乎变成了透明人，没人提起我，唉！看来再不努力就将被遗忘，被社会淘汰了！"

作者在升学压力、高考分数及家人与老师们期待、威压的目光中，简直无处藏身。小作者不断地责怪自己不努力，其实，从她的日记中看，她已经非常努力了，但是小作者当时不明白，无论你怎样努力，这个努力都只是相对的，而且是要以成绩为兑现的。分数简直成了学生的命根。即使老师把万如同学的语文考试成绩多算了 8 分，由 84 分变成了 92 分，这个虚假分数，作者也欣然接受。分数就是一切，哪里管得了是什么真实分数还是虚假分数呢？

我从日记里找到最经常出现的一些关键词就是这些：考试、唉、遗忘、淘汰、矮一截、一塌糊涂、很差、担心、没脸、没面子、对不起、挨骂、很累、无地自容、天啊、欲哭无泪、丢脸、冷血动物……读着这些沉重而灰暗冰冷的词语，我仿佛感受到了一个被应试教育摧残了的幼小生命的最后哀嚎，以及最后挣扎下的呻吟，感觉到了我们教育的悲哀，也感受到了我们这个民族的悲哀。我们的孩子就是在这样阴暗的环境中长大的，他们的身心健康，他们的幸福快乐，他们作为人的生命的真实而丰富的体验，他们作为人的尊严，已经不再有人去关心了，他们一出生只是作为一个枯燥无味的分数被关注着。喜，由分数来，悲，也从分数来，连学校、家庭及社会都莫不如此。却没有一个地方想过孩子健康快乐的成长是人生中最重要的事情。孩子们被分数逼着，他们围绕着提高分数被规训着，其实，现在来看，我当年日记里所写的苦恼有什么值得苦恼呢？我现在庆幸的是我当时的考试分数竟然一直不是太高，正因为这样，我当时保留了长期写日记的习惯，保留了阅读报纸与杂志的习惯，保留了一些游玩的时间与空间。现在在我的生活与工作中真正起作用的，正是这些无关紧要的习惯，写与读，思考与想象等，已经远比当时的数理化的成绩更为重要了。

时间在流逝，青春在消逝，时代在转换，但是，以高考为指挥棒的中国基础教育不但没有发生什么根本性的变化，而且还在变本加厉，还在恶性发展之中。我的一个朋友对我说，她的侄子读初二，数学成绩一塌糊涂，才考十来分，但是特别喜欢绘画、美术之类的课程，而且在这方面很有天赋，问我有什么办法让她的侄子把数学成绩提高上去。我说我没有办法，但是根据我的经验，恐怕也不会有人有办法，你的侄子是美术天才，为什么一定要把他逼成一个平庸的数学演算手呢？即使费了九牛二虎之力，他的数学终于能够考到 60 分，那又有多大的意义呢？不如你明天就告诉他，对你来说数学已经不重要了，不要再为数学痛苦与烦恼，你现在最需要的就是去做自己喜欢做的事情，只要不去打架偷盗吸毒，不去做犯法的事情，你就是好样的。我不知道我这样说会不会在现有的教育体制下误导了一个学生。但是，我知道，她的侄子很有可能成为中国一流的美术家，至少也可以成为一个靠美术为职业的完全合格的员工，却无论怎样努力，也不可能成为最差劲的数学工作者。就中国的教育来说，我们为每一个孩子准备了一双标准的鞋子，无论是什么脚，都必须穿上这种型号的鞋子，长了，脚要削平，短了，脚要拉长，否则就不允许走路。说到底这就是我们现在的教育。女中学生的日记，唉！天啊，欲哭无泪！

（2007 年 12 月 2 日）

教 师、校长为什么会成为高危职业？

　　广东廉江市一中校长黄兆峦先生遇刺于自己的家门口，被三个年轻人所杀，几乎在同一天，山西朔州高中生课堂上持刀杀死班主任老师。相信类似的潜在危险，有许多还没有发生。我们不应该再用：中国人这么多，再大的事情，除以 13 亿也是小事来搪塞了。生命无价，无论是学生还是普通教师，还是校长，都是活生生的生命，这确实值得我们好好来反思。令人感叹的是，黄兆峦校长也曾经在我所在的学院接受过多次的校长培训，这些事情就这样发生在自己身边，不能够不令人深思。

　　今天，又是指导校长的日子，开指导会议的时候，我就把这个事件拿出来与校长们探讨。都是广东的校长，应该更有现场感。我们应该找出原因，拿出对策，想出办法，这样才能够把问题控制在最低阶段。但是，我听到最多的仍然是：没有办法，这是社会大环境决定的，这是体制决定的。即使是大环境决定，是体制决定的，也要找到大环境里究竟有哪些不良因素妨碍了我们，哪些不良体制因素妨碍了我们，以便我们有所准备，有所克服。因此，校长们开始发表自己的看法了。

最大的原因就是社会风气不正。现在一些地方，黑社会与一些政府官员勾结，狼狈为奸，为害一方，使得整个社会风气都有恶化的趋势。学校无法正常上课，教师与学生，甚至校长也没有安全感。而且黑社会势力向学校渗透，一些学生，因为年幼而无法经住这种诱惑，在学校里拉帮结派，经常结伙打架，动辄报复老师与校长。这给学校的正常教学秩序带来了很大的隐患。这使得我们的学校生存环境越来越恶化，单纯靠学校教育，现在是越来越软弱无力了。我们的社会，总是认为学校教育只是学校的事情，没有充分认识到学校、社会、家庭只有形成合力的时候，教育环境才是良性的。

家庭教养的严重缺失，是另一个重要原因。现在我去一些发达地区去考察教育，这些地区早已脱贫致富，但是，当地一些人的素质与家庭教养却没有能够及时提高。令人感叹的是，一些地区，不得不实行"小手拉大手"教育计划。也就是，让小学生先在学校受教育，然后再去影响他们的家长，比如，要求讲卫生，不乱丢垃圾，不乱闯红灯，不骂人，有不少不是由父母来教育孩子，而是由孩子来教育父母长辈的。但是，有一些父母根本无法教，在有了一些钱后，有些人就吃喝嫖赌，把一个好好的家庭弄得支离破碎，天天吵架闹离婚。许多问题少年儿童，都有一个共同特点，就是家庭严重不和睦，许多家庭是在离婚分居状态中。如果孩子在学校能够有一点希望，有一点乐趣，也许家庭所带来的问题，会有所缓解。但是，不幸的是，学校的应试教育的残酷性，正是密切配合了社会、家庭上的严重缺陷，助长了学生这种堕落的危机。

现在的学校越来越功利化。分数排名，升学率，重点率，把学生按照成绩分成不同等级，然后给学生施加压力。学校与班级的规模越来越大，管理越来越困难。一些学校动辄是上万学生，狂热追求规模效益，成为一些地方政府的教育政绩工程。学校越来越偏离作为培育人，作为学生学习与成长的乐园这样的定位。学生与教师也越来越体会不到学习的乐趣，体会不到教学的乐趣，体会不到思维的乐趣，也体会不到人与人之间的互相关爱。师生之间、校长与教师之间越来越变成了一种管理与被管理、防范与被防范的关系。因学校规模过大，校长与教师常常无暇兼顾，无论校长、教师还是学生，都从来没有被当成一个活生生的人被尊重过，没有作为一个生命被关爱过。精神上的荒芜感，心理上的幻灭感，常常侵袭着这样的一群本应该是充满善心、爱意，充满热烈的人生追求与理想情怀的人群。一些中小学生，现在也成了"函授生"，一个学期只是偶尔出现。经常逃课，逃学，在外面厮混。教师考虑到安全问题，也越来越怕学生，越来越不敢管学生，学校出现的这种"崩溃"的现象，越来越像瘟疫一样侵袭着我们的学校，困扰着我们的教育。

校长也越来越与教育无关。校长本身就是行政的一个级别，一些地方，任命的校长甚至都不需要有当教师的经历，而且当了校长，也经常没有时间与精力在学校里。总有开不完的会，接不完的任务，应付不完的检查，跑不完的关系，还不清的债务。没有一样事情不需要校长"亲自"到场。学校无论从校长、教师，还是学生来说，都不是一个学习的场所，而是一个管教所。我们从根本上忘记了学校究竟是做什么的，忘记了教育为何，学习为何，知识与思维的乐趣为何。

让我们看看黄兆銮校长在去世前一年的 2007 年的一次答记者问时所表达出来的办学理念与人才观，也就不难知道我们的学校究竟在干什么了。他说：

"从走上廉江中学领导岗位那一刻起，我总的感觉是

'喜忧参半，动力与压力兼具'。喜的是组织信任我，而我也动力倍增。我内心十分清楚，廉江中学是个人杰地灵、人才辈出的教育圣地。历史以来，这里培育出许多国家和社会栋梁之材，影响着不少仁人志士为祖国的革命事业前仆后继。近代有以关泽恩（原中共中央委员）等为代表的杰出的革命前辈；现代有以温玉柱（原广东省委常委、广东省军区司令员）、陈大豪（现任山西省检察院检察长）、张荣芳（原中山大学副校长、正厅待遇）、黄志军（广东恒山加油器制造有限公司董事长、广州市十大杰出青年）等为代表的社会杰出精英。每当我驻足那庄严而典雅的廉江中学博览室时，门匾上镌刻着的'钟灵毓秀'这几个字就会钳入我的脑海。我作为这一重点名校的掌舵人，时刻在警醒自己，决不辜负组织的信任和人民的期望，我要在历任校长创下的光辉基业上，把廉江中学的教育事业发扬光大。"

　　"在办学方针的定位上，我们总的思路是'三个兼顾一个原则'。所谓'三个兼顾'，即：一要兼顾到廉江中学特殊的历史地位和优良传统，并且要发扬光大；二要兼顾到党委政府，要替政府分担财政压力；三要兼顾到社会民众，培养教育好他们的后代。'一个原则'，即发展的原则。我们要适应社会发展的需要，不断扩大办学规模；跟上时代发展的步伐，加快学校现代化发展进程；尽可能满足人民的愿望，增加更多优质学位。只有这样，我们才能为国家名牌大学输送更多的优秀学生，为廉江多出人才和快出人才，特别是为祖国社会主义建设事业培养更多栋梁之材。本着这种指导思想，从而确定我们总的办学方针，那就是

'高初中并重，高中为本，初中是根，营造一流环境，励精图治，多出人才，快出人才'。"

黄校长这样的办学理念肯定是有问题的，虽然这并不全是他的责任，加上他已经为教育事业殉职了，再去评价他的办学理念有点不忍心，但是为了我们这个民族能够从这件悲剧事件中吸收到一些经验教训，我还是要说一说。在黄校长的办学理念里，是没有"人"这个概念的，学校教育首先是"成才"，而不是"成人"的理念，同时也是没有"生命意识"的。他的办学理念里只有"人才"，办学的目的就是"早出人才，快出人才"，出"栋梁之材"。而所谓"人才"或者"栋梁之材"，标准也就是他所列出的那些当了大官的人，是这样的"人才"才使他感觉肩上负有巨大的压力，却从来没有考虑过一个普通的学生有没有一个良好的成长环境，学生作为具体的生命是否需要关爱，学生的心理情感世界是否需要有人来关心照顾？学生的使命就是成绩，完全成了学校生产高分数的机器，就是重点名牌率，学生在这里显然就是挣分的工具，不能够挣分，不能够考取名牌大学的学生，只能在学校里成为垃圾生。学校为了取得成绩，也是越办越大，规模扩大的结果，就是能够获得可以看得见的经济效益与政绩工程效益，牺牲是的学生的具体的成长环境。

如果一个学生在学校不能够获得任何学习乐趣，在家庭又没有相应的温暖，在社会上又得不到关爱，那么，幼小的心灵上必然会出现一种幻灭感。一个学生一旦承认自己是一个坏学生，并且开始以自己是一个坏学生为荣的时候，这个学生可以被教育好的可能性就几乎是等于零了。不幸的是，我们的许多学生正在自我承认自己是一个坏学生。就像山西的那个杀死自己班主任的学生在自己的死亡日记里这样写道：

第三编 守望现实教育的良知

"我已经对生活失去了信心，我活着像一个死人，世界是黑暗的，我只是一个毫不起眼的'细胞'。"

在日记中，李明发泄着对初中时教他的两位老师的不满，声称"做鬼"也要杀他们。

"不光是老师，父母也不尊重我，同学也是，他们歧视我……我也不会去尊重他们，我的心灵渐渐扭曲。我采用了这种最极（端）的方法。我不会去后悔，从我这个想法一出，我就知道了我选择了一条不归路，一条通向死亡的道路，我希望我用这种方式可以唤醒人们对学生的态度，认识社会，认识国家，认识到老师的混蛋，让教育也可以改变。"

这个自称是"倒数第一，差生，坏学生，一块臭肉坏了一锅汤"，认为"我的人生毁在了老师手上"的李明，最终选择了"杀老师"这样的极端举动，亲手把自己的人生置于了万劫不复的深渊。

应该承认这个学生对自己的行为的认识始终是清晰的，他的黑暗险恶的认识，正是因为他作为一个人，实际上是从来没有被尊重过的。一个生命来到世界，都是向往光明的，都是追求幸福的。没有谁一出生就是准备当一个"毫不起眼的细胞"，就准备充当"坏学生"的。有时心灵的扭曲，都是在一点一滴的不经意之间积累起来的。这些孩子心灵与身体上的病症，显然是缺乏具体的人性关怀的结果，是没有把他作为一个有生命的个体来尊重与关爱引起的。但是，一个学校，现在动辄上万学生，每次放学，仅仅是从教室与校门口疏散，都得一个小时以上。一个班级的规模动辄 80 人以上，甚至 100 人也不少见。而且，无论班主任，还是任课教师，都是被迫只能够关注分数排名。如果一个学生分数上没有希望得到别人的关注，家庭又得不到温暖，那么一种人生幻灭感就会油然而生。这个时候，如果还有教师不识趣，要来管教他，那么，那个教师或者校长，就很可能成为发泄的对象。

基础教育一旦失去了平等的办学理念，那么歧视与仇恨就在所难免。基础教育一旦成为功名利禄的追逐场，一旦成为政绩工程的一部分，那么，一个学校想不被异化都是不可能的。越来越大的学校规模，越来越大的班级规模，无论是学生，还是教师，越来越被当成了一个工具在使用着。学生与教师的生命越来越被宏大的规模背景所湮没。如果一个民族，错误地理解了教育、学习、人才及知识的时候，办教育便失去了其本来的意义，一不小心，学校就变成了监狱，好学校也就是模范监狱。如果学校一旦成了监狱，那么，教师这种职业还会不成为高危职业吗？让我们来重新反思教育，让被颠倒与扭曲的教育理念，重新回归它的本源。这才是教育的希望所在。

（2008 年 10 月 22 日）

从 职业中寻找自己的尊严

　　我常常发现，一些人从来不把自己所从事的职业当一回事，做好做坏，都抱着一副无所谓的态度，而且经常因此而发生各种各样的事故与灾难。但是，偏偏就是这样的人，却能够走南闯北，能够吃香喝辣，能够连连被提升。渐渐地，活在中国的人发现，要想"发展"自己就是必须把功夫用在自己的"职业"之外。也就是成为社会活动家，走上层路线，作秀搞宣传，搏出职业之位。我常常发现，一些人的所谓"成功"经历不是沿着自己的"职业成功"的途径，而是沿着另一条潜规则的途径，也就是依傍着一条仕途的终南捷径在走着自己的升迁之路。无论干什么职业，都必须傍大官，靠政府，才能够"做大做强"。这真是一种令人悲哀绝望的现象。而且这种现象几乎弥漫于整个中国社会，渗透于各个行业之中。

　　就我所从事的且比较熟悉的大学教师这个职业来说，也是这样。真正认真教学，做学问，并且经常与学生交流讨论的教师，往往是在高校中默默无闻的，并且是位居弱势的一族。而那些上蹿下跳，"跑部钱进"的社会活动家型教授，常常是名声显赫，掌握了话语霸

权，且垄断了教育资源与学术资源。这样的状况，给高校教师与学生做了一个极坏的榜样。使得我们的高校出现越来越多应付型的教师；使得我们的大学里，真正热爱教育，热爱学术研究，热爱学生的教师，越来越少，而且即使存在也是处境艰难，处于边缘化地位，正日益成为高校中的弱势群体。中国的大学正是在这样的情况下，越来越变得虚浮喧哗。教师无心教，学生无心学，大家都心安理得。而且，即使这样，也没有任何危机感。有的学校，政府早已经定它为国家重点学校，或者重点学科，教不教，学不学，自然都是高人一等的。在这样的大学里，对于教授来说，国家级课题做都做不完，对于学生来说，有搞不完的活动，却没有一次是读书交流、学术研讨之类的活动，学生都成了学校的行政机构用来作秀的道具。只要学校牌子硬，毕业时也自然比别的学校的学生容易找到工作。其实，整个求学期间，连教授的面都见不到几次。但是，即使这样，也没有关系，反正牌子摆在那里。什么职业不职业，都是没有关系的。这里常常越是大牌的教授，越是虚浮，因为牌子来自于上面，与学生的评价、与教师同行的评价没有关系。能够到上面跑到课题经费，能够接近上层，参与"政策"制定的教授，常常莫名其妙地声誉显赫。殊不知，这样的角色，在过去只是衙门师爷的角色，高级一点的，也只是御用文人而已，是毫无独立人格的传声筒，有什么好值得吹嘘的？一个大学教师，真正的荣誉应该来自学术研究贡献，来自独立思考，独立发表自己的研究成果，来自培养出众多的后起之秀。我们现在重新认定教授应该持三个标准：第一，他是否是真正在搞学术研究，还是在做官场的道具？第二，他是否登讲台上课，与学生交流探讨？第三，他的研究与教学怎样？如果在这三个方面一无所取，则就可以判定其是伪教授，不必把他归为这个职业群体。要把讲台与学术园地，看成是自己职业神圣不可侵犯的阵地，也是自己在社会上生存与立足的根本，是不容亵渎与污损的。如果哪个教授不站讲台了，不认真搞研究了，对学术与学生都无兴趣了，对自己的本职工作也不认真投入自己的激情与真爱，那么无论他有多高的学术荣誉，有多高的职称头衔，他都失去了作为一个大学教师的资格。作为同事就有资格轻视他，蔑视他，作为学生就可以让他背负骂名。如果形成这样的风气，中国的大学就会有希望。

我们中国人，无论哪个行业，都要形成这样的风气，就是一个失职的人是不配享有社会尊严与社会荣誉的。无论是哪种职业，只要你做得好，你认真敬业，在自己的工作岗位上精益求精，把自己职业内的事情（当然是服务于社会的职业，而不是做伤天害理的职业）做得完美，不但应该得到整个社会的尊敬，而且要形成引以为乐的社会风气。

如果一个人声称自己爱国，那么最好的衡量标准自然不是你喊了多少遍爱国的口号，而是要看你所从事的职业做得怎样。最好的爱国，就是做好自己职业内的事情。所有的社会福利慈善工作都必须以做好自己的职业工作为基础，为前提。最好的为人民服务，就是通过你的岗位去服务于社会与他人。每个人的尊严应该首先来自于他的职业岗位。无论他是什么职业，无论他是什么身份，无论他的地位有多高，如果他的职业没有做好，就是没有尊严的。中国人要学会对一个技术高超且十分敬业的盲人按摩师表示尊敬，要学会对一个有敬业精神的清洁工表示自己的尊敬，对一个山村工资不高的但是十分有爱心、十分敬业的乡村小学教师表示自己的尊敬。如果中国人的尊严都像日本那样来自于职业的荣誉感，而不是来自其他的一些外在的身份符号，那么中国社会就实现了真正的转型。

（2008 年 5 月 22 日）

守望学术研究的良知

知识，只有当它靠积极的思维得来而不是凭记忆得来的时候，才是真正的知识。

——〔俄〕托尔斯泰

如 无必要，莫创新词

对于学术研究来说，最大的学术价值在于创新，但是应该承认，创新是一件很不容易的事情。要真正越过前人的思想智慧，除了下真功夫外，还必须要有独特灵异的头脑及非凡的想象力。人类 500 年才出一个康德，1 000 年出一个柏拉图，3 000 年出一个爱因斯坦，人类的大智大慧，思想范式的转换，都是经历多少年才会有的。但是，即使是这样的人，在创新的时候，所能够发现的也很有限。爱因斯坦也只是创造了一个新名词概念，就是"相对论"；马克思也只是创造了一个"剩余价值"的概念；柏拉图只是创造了一个"理想国"。这些人类划时代的人物尚且如此，我们教育研究竟然那么容易创造新词，不能不说是一件值得深思的事情。

数百年前，英国有一个思想家，叫奥卡姆，他发明了一个思想的剃刀，叫"如无必要，莫增实体"，以此说明逻辑上的简洁是第一思维原则。我现在借用过来，"教育研究，如无必要，莫增新词"。如果以严谨的学术研究态度来看待研究就会发现，一个人一生如果能够发明创造出一个新概念就是非常了不起的。因为，如果学术的大厦里能够增加一块新砖，那是何等的幸事啊。因为居里夫人以她一生研究成果，并且是获得两次诺贝尔化学奖的巨大研究成果，也只敢说自己只是为人类知识的海洋增添了一粒沙子。现在你能够为学术大厦增添一块新砖，这是非常了不起的。

为什么学术研究中新的名词概念的创设要那么谨慎？就是因为一个在"学术大厦"中真正有新内涵的新概念，必定是将学术研究向前推动一步的工作。也就是新概念意味着为学术研究增添了新的东西，而且是原创意义上做到了这个工作。我们许多的研究，提出的许多问题，解决的许多问题其实都是不需要用新名词概念的。如果一定要用到新的名词概念，那么一定是突破了原来的思想范式或者研究范式。如果一个现象、一个问题，可以用原来的名词概念作出解释，而且不会有其他的漏洞，那么就无需创造新的名词。新的学术大厦，有时也可以用旧砖头来建。如果旧砖头建筑起来的学术大厦经不住新的地震级别的考验，这个时候才需要考虑换建筑材料，并且重新设置框架。每每这个时候就是学术划时代的时候，或者是真正里程碑出现的时刻。

如无必要，莫创新词。什么时候才是必要？就是当旧概念确实无法充分表达新的思想，无法说明新的问题，更无法解决新的问题的时候，才需要。学术研究非得到了旧概念、旧的解释框架到了山穷水尽的地步，不然不要随便引进新概念。如果一定要引进新的概念，就必须回答这么几个问题：第一，你的新概念是用别的所有的旧概念都无法说明的吗？如果能够用别的旧概念说明，则新概念就不是新概念，而只是新标签，旧货色而已。第二，你的新概念是否解决了新问题？或者能够比较完美地解释旧问题？任何教育新概念的出现，都要用来解释教育现象，同时也要用来解决教育问题。如果不能回答上述问题就只是换了标签，而没有实质性的东西增加。

一个教育研究工作者，只有感觉自己的理念框架与理解的名词概念确实无法满足一种理论的阐释的时候，才需要用新东西来说明。研究者是沿着学术内在的逻辑与思想脉络自然进入到一个新的思想领域的。如果你作为一个教育研究者没有思想学术的基础，贸然进入一种新领域，那就只是赶时髦而已。在自己没有切实感到有必要的时候，我不用任何新概念说话。

在学术研究的路上，大胆的同时，更需要谦虚谨慎，甚至需要有点"保守"。真正的学术研究总是在"创新"与"保守"之间反复博弈的结果。能够经住"保守"的学术思想反复追问与打击，同时能够拿到现实中经得住常识经验的反复考验的新概念才是真正的学术创新。创新的确诱人，但是创新确实又是非常不容易的。一个真正的学术创新就像一个英勇的将军，要身经百战，从千军万马中杀出，杀不出来的，说明你还只是千军万马中的普通一员而已。一个真正严肃认真的学术研究工作者，要学会眼望高峰，同时脚踏实地，沿着前人曲折崎岖的小道艰难地爬行，直到爬到前人所开创的小路的尽头，这个时候才能够开创自己的新路，这个时候才是真正的创新。有一天你沿着自己开创的新路，突然发现自己居然爬到了一个高峰，这个时候你才是为知识的海洋增添了一粒沙子。

在前人的巨大肩膀上，我们要始终保持小心谨慎的心态，要有一种战战兢兢、如履薄冰、如临深渊、临事而惧的心态。一个人真正的学术锐气就是在经住了前人的思想磨砺之后能够保持的结果。否则，那只能够叫浮躁、浅薄与自大。一个教育研究工作者，首先是要有一份敬畏之心。敬畏自然，敬畏生命，敬畏人，敬畏前人的一切优秀的研究成果。在敬畏的心态之下，保持自己的独立思考与独立研究、自由表达的风格。在敬畏的心态之下，随时准备承认自己所犯的学术思想上的错误，也随时准备突破前人的道路。你可以不断地有新的想法，但是，同时要把这些"新"想法亮相在前人面前，接受前人的学术思想的检验，也接受现在同行的不断挑剔。

维特根斯坦说，一个概念是要在不断地应用中得到充分表达的。如果你不小心创造了一个新概念，那么，你就应用它吧。在应用的时候，你就会发现，这个概念可能是多么地多余，也可能是多么地虚浮，还可能是多么地别扭。因此，用着用着，连你自己也感觉是多么地厌恶。因此，我时时警告自己：如无必要，莫增新词。学术创新不是贴新标签，不是玩新名词，还得有一点真正的新货色才行。

（2008 年 7 月 13 日）

把 教育的文章直接写在大地上

当我的文章在博客上越积越多，而且对社会的影响力逐渐增大的时候，有人善意地在我博客上提醒说，我的文章在教育学术圈子里并没有得到认同。我承认，这确实是真的。但是我并不打算做什么改变。因为，在我看来教育研究学术圈子也是可怜的。得到这个圈子承认又能怎么样？连圈子里泰斗式的人物都在为教育学研究寻找新的出路，急于要创建能够显示自己独立价值的学派。我就算是挤进来了，那么又怎样？穷家薄地，挤进来占个一席之地，说白了，乞丐中的霸主，其实也仍然只是乞丐而已。所以，我不为自己长期站在教育学术圈外而感到焦急。有时我想，当人们为教育研究的学术地位低下堪忧的时候，我们教育学术研究界首先想到的是什么呢？当然是解脱这种困境。我们似乎一直在努力，但是效果总不尽如人意。

我不着急的原因就是因为教育学术研究的出路，其实还是在于改变现实中的教育，或者能够对现实中的教育直接施加影响，我想这才是最重要的。我的想法是将自己的文字与生命交融在一起，直接把饱含思想与生命情怀的文字写在大地上，这个大地就是中国教育的现实。真正的学术研究都是把思想直接写在大地上的。正如著名农学家袁隆平先生那样，他的研究成果也一直得不到学术圈子里的认同，几次都评不上中国工程院院士。但是，他也不着急。因为，他的研究成果可以直接转化成粮食的高产，这就是最好的承认。

我以为研究教育也有类似的因素，搞教育研究的人要有一种使命感，被少数的圈子承认其实并不是很重要的，重要的是你要被教育现实承认。这个承认并不是一定要认同的意思，而是你必须引起现实教育的密切关注。可以是被承认，被接纳，也可以是激烈地反对，总之是要有反应才是。就是不能够在教育领域中可有可无，毫无动静。因为教育研究不可能像哲学那样或者某种科学研究那样，多少年以后才会被人关注到，教育研究的思想立场说白了就那么几种，你要想法子把自己的思想化成现实的力量。哪怕是整个教育实践领域都视你为敌人，让教育一线的教师们读了你的文字，怒气冲天，坐立不安，却又欲罢不能，这也是一种贡献。教育研究的悲哀就在于几个圈内的人，一直在那里自娱自乐，自我感觉良好。语言越玩越玄乎，格式越来越八股化。但是，读这些学术研究的文章，常常让人有一种上当受骗的感觉。因为既得不到新知识，也得不到新思想，甚至也没有新的视角，从这里也看不出新的问题。而是用了一种古怪的学术语言，作为学术的外衣，来包装着苍白而缺乏逻辑也缺乏论证的文字垃圾。平庸而贫乏，常常要靠政治正确来作为自己软弱无力的保护伞。这样的文字始终不关教育现实的痛痒。既不赞同教育的现实，也不批判教育的现实。说着一套天外来的语言，然后用这套东西做学术的面纱。再将这一套东西来作为学术的标准，将凡是不按这个方式去做的文字挡在学术的门外。说实在的，如果拿当年陶行知先生的文字，也用这个学术标准来衡量，那么陶行知先生也是不合格的，也肯定得不到现在教育学术圈子内的承认。我想现在的教育学术圈子，有时就像法国启蒙时期的贵族那样娇气，那时法国的贵族把"坐椅子"，不称为"坐椅子"，而称为"椅子托住了我的屁股"。到处都是怪怪的言说方式，本来很朴实的一个道理，很简单的一个问题，被弄得神神怪怪的。现在教育研究就是喜欢这样玩弄词汇。这不，现在教育研究的用语又有了新的规定，不称为"均衡发展"了，而称为"协调发展"了；差生不称为"差生"，而改称为"后进生"了；贫困学生不称为"贫困学生"，而改称为"处境不利的学生"。没有任何创新，就是用了时间精力，花费了大量的人力、物力、财力，在那里玩弄名词概念的新花样。学生是主体，教师也是主导是一说；学生是主体，教师也是主体也是一说。德育第一，智育也是第一，美育也是关键，体育更是基础。究竟哪个最重要？细细想来令人莫衷一是。这种表述让我想起"文革"时林彪主持军队建设时提出的军队建设的方针，就是四个第一：人的因素第一，组织的因素第一，思想的因素第一，方法因素第一。究竟什么才是真正的第一？第一这个概念就是意味着唯一的。可是，这里同时有几个第一，这在逻辑上就是过不去的。

中国的教育研究，现在最重要的就是先过逻辑关。先梳理清楚我们使用着的各种概念，看看这些概念究竟是在什么意义上使用的。然后就是要通俗化，如果你的教育文章令绝大多数教育工作者甚至教育研究者看不懂，不是说你的水平就一定高，而可能是你根本就没有表达清楚。再次要把教育的价值理念梳理清楚。脱离这个价值澄清工作，那么什么教育问题都说不清。你说某某教育思想与实践存在问题，他就会告诉你，这个教育思想与实践很有用啊，这套体系很成功啊。真正的教育研究就是在这个时候要分析，这里指的"有用"与"成功"是在什么意义上说的，其价值基础是什么，这将会对教育，对中国社会产生什么影响？成功的标准是什么？是考试多考几分，多拿奖金，多得名利，还是立足于学生作为一个人的发展？是学生的记忆力还是学生对知识的探索兴趣及创造力的保护？真正的教育学术研究就是要提出真正的问题，要通过你的论证与分析，揭示出那些含混不清的、逻辑混乱的教育思想与实践的荒唐之处。教育研究如果没有了批判，基本上算不上什么真正的教育研究。那些动辄打着建设招牌的叠床架屋式的理论搭建，就是为了骗点名骗点利，实在没有什么意义。真正教育理论建构一定是建立在批判的基础上的。只是批判的方式可以选择多样而已。批判才是教育思想理论的构建的前提条件。因为你看到了现行教育的问题，你才需要构建一种新的方式与方法，去取代原来不那么完满的教育思想与实践。这个时候教育改革才有必要，也才可能。否则，大家高喊教育改革，但是究竟为什么要改，改到哪里去？大家还是不清楚。只是一哄而上，没有多久又一哄而下。教育研究就是要去关注这样的不正常现象，指出问题所在，提出改善的办法。

那种企图用圈子里的语言来标明自己教育研究的独立性、学术性与权威性的想法与做法是荒唐可笑的。教育研究的出路不是要与其他学科划清界限，而恰恰是要学会充分借鉴其他自然科学与人文社会科学的研究成果，甚至要学会追踪这些学科的学术研究前沿。有这样的学术视野与人文底蕴，谈起教育来，才会底气充足，底蕴厚实。教育学研究首先要解决文化根底浅薄的问题。一些教育学者常识严重缺乏，逻辑混乱，视野狭窄，思想肤浅，知识浅薄，翻来覆去就只有那么几个词汇，就那么几个例子。写出来的东西面目可憎，思想苍白，想要得到基础教育的一线教师承认可能还会有严重问题。其次要解决脱离人的生命与生活的空洞研究的问题。将教育研究的视角直接对准学生、教师、学校、教育制度及相关的教育思想。也就是直接将教育研究植根于学生的生命生长上。这是一个最根本的标准。你弄出一套异常繁琐的东西出来，可以，但是必须要经得住生命的质询。一切教育研究都要以学生的终身发展为出发点，并以此作为教育研究成果价值大小的评判标准。如果一个人的教育思想能够对教育产生一定的影响，无论是认同还是反对，这已经是得到了最好的承认。

（2007 年 9 月 6 日）

第四编　守望学术研究的良知

教 育有规律吗？

　　我们国内传统的教育学教材在谈到教育规律的时候，几乎是公认教育存在着规律的，而且这个规律主要表现在两个方面：一是教育与社会之间的关系；二是教育与人的发展之间的关系。在具体论述这个规律的时候又是用了一套辩证唯物主义的话语框框来论述的。但是近来关于教育有没有规律的问题，在后现代背景下又出现了质疑的声音。

　　在如何观察世界、认识世界这个问题上，一直就存在着两种基本的视角：一是本质主义的、理性主义的视角；另一个是非本质主义、非理性主义的视角。有没有规律的判断可以从看问题的不同方法论中得到基本的判断。一般来说，如果一个人采用本质主义的、理性的方法来观察这个世界，那么他就容易得出肯定规律的倾向。反之如果他采用非理性的视角，那么比较容易得出否定规律的结论。在近现代的教育史上，采用理性主义的、本质主义的方法来看待教育活动的规律，也可以分成经验理性主义者与设计理性主义者。在经验主义理性这一派中，以洛克、斯宾塞、杜威为主要代表，在设

计理性这一派中以笛卡儿、莱布尼滋、赫尔巴特、康德、黑格尔、马克思的哲学思想为主要代表。前者一般强调教育规律是具体的，在经验中逐渐完善的，其规律是具体的相对较为含糊的，比较注重现实与传统的作用，更强调的是经验与实验而非固定的规律教条。而设计理性这一派中规律的存在是理性设计的结果，一般采用一个抽象的思维方式，形成一个理论框架，并用这一套话语方式来解释世界，有比较固定的规律观。比如，黑格尔设计出来的理性框架，企图解释一切社会现象，用一个模式来解释世界中各种各样的社会现象。我国现在流行的教育规律论基本上是这一套思想理论在教育活动中应用的结果。这套理论的辩证法思维，由于一些客观因素的影响，使得这个关于规律的解释出现了教条化的趋向。后现代主义的教育观强调教育是一种社会现象，对教育活动基本上是持没有什么规律的态度。这一非理性的流派，其哲学思想根源来自丹麦的郭尔凯戈尔，德国的叔本华、尼采，法国的柏格森、萨特、福柯等非理性主义者。波兰尼提出的缄默知识等概念也是这一思想流派的一个代表。后现代主义甚至提出世界上根本就没有规律，所谓规律都不过是人为社会与自然立法的结果，是人的意志强加给自然的。所以他们提出了这个世界"怎么都行"的流行口号。在我国近来在"教育回归生活""教育回归实践"的口号下，也出现了"怎么都行"的教育观。教育没有规律了，怎么都可以了。这有点像当年尼采宣布上帝已经死了一样，上帝死了，人可以无法无天了吗？二战的灾难与之多少是有点关系的。把人从上帝那里解放出来的同时，却也把人性的恶也极大地释放出来了。现在教育学界也流行讲究效果，只要有效就行。但是这个有效，也还是要有标准的。或者达到目标，或者实现某种价值诉求，因为只有相对一个标准来说，才可能谈得

上有效还是无效的。任何时候一个研究，都离不开事实的判断、价值判断及方法论的追问与使用。所以，当一种后现代论提出"怎么都行"的时候，实际上远离了人类的文明，也是一种无根的叛逆行为，或者是一种文化虚无主义。根据这样的观点，不仅教育只是人为造出来的，而且就是医学也是臆造出来的。有没有病不是人的生理因素，不是人的肉体上的病，而是医生制造出来的毛病。这种完全否认客观物理世界的方法论及世界观，显然不仅远离了人类的文明，也远离了这个客观存在着的世界。

这样一来，看待世界已经不再是一个本质模式了。同样的世界因为所使用的方法及思维的模式不同，而出现不同的视角，而视角的不同，又产生了不同的世界观。科学哲学界的波普尔的证伪逻辑的真理观及非历史决定论，就否认了社会学科中存在什么规律。其后库恩的"科学革命结构"论中，提出的"范式"的概念，都为规律提出了不同的新佐证。从中可以看出，关于规律是否存在，或者何为规律？科学的规律是如何被新的规律所代替等这一类问题，不仅仅在教育学领域、社会人文科学领域里存在着质疑，甚至在一些自然应用性很强的学科里都同样存在着。比如，医学这样古老的，科学性、应用性及专业性非常强的学科都出现了一些不确定的因素，即使承认规律的存在，也不是一个固定的模式。

在多种哲学思想观点下，人们在教育中的知识观也在相应地发生变化，教育中知识的作用不是积累的，而是建构出来的，是人的思想意识作用于世界，靠主观意志为自然立法建构出来的。人的创造力不是知识积累的结果，而是运用知识的结果。人的创造力是教育的主要目标，但是人的创造力是人的天性的结果。所谓教育就是保护这样的天性，但是教育的保守性与历史继承性又往往在抑制甚至消灭这样的天性。从这些新观点与思路中，我们可以看出，这里包含有一定的道理。人的意志对事物认识的作用必然是很大的。但是，我们在强调规律可变性的同时，又走到了否认规律存在的极端。自然科学中的规律都难免遭受到质疑的命运，那么人文社会学科就更是如此。而教育学又是在众多人文社会学科中处于比较弱势的一门学科，其理论体系很不成熟，再加上这门学科研究的对象是一种社会活动，而且这种活动受制约的因素非常多，所以我们揭示出来的教育规律往往得不到认可。而且仔细看这些所谓的规律，确实存在着一些问题。

我们现在权且承认教育活动是有规律的。但是，这个规律究竟在哪里呢？我们又是怎样得出来的？这个规律在我们的教育活动中究竟起了什么作用？传统教材一般提教育的规律有两点：一是教育与社会的关系，二是教育与人的发展之间的关系。关系就是规律，也是根据辩证唯物主义"规律就是事物之间的客观的、必然的联系"这一论断得出来的。而在阐述时又是一个制约一个，一个对另一个有什么反作用这类的套话。其实，这两对关系，只是说明了教育学研究的范围与对象，而不是什么规律。而且这个规律几乎完全套用辩证唯物主义教条，使得这样的阐述失去了生命活力及应有的独立价值，对现实中的教育活动也没有任何指导作用。因为，这个话语显然只是照搬了人家的语言格式，而且没有什么有价值的内容，遇到真实的教育活动，也只能作壁上观。现实中还是听从金钱与权力的指挥。但是像物理世界那样的规律，人们可以看到并不听从金钱与权力的指挥。比如，无论给多少钱，物体在地球上还是要做自由落体运动的，而在教育方面就不同。所以，教育的规律如果用客观、必然，在任何情况下都可以重现这样的标准来衡量，恐怕教育规律就不存在。因为教育活动恰恰是不可重复的，也不能完全做到客观的，有时相反还要强调主观情感之类的东西在教育中的作用。同一个教师，无论教多少年，有多少经验，也不可以完全不变地照搬到另一个场合中去。这就说明教育的不可重复性非常大。学生变了，教师变了，时代变了，政策变了，社会生活水平变了，科技发展了等，都会影响教育活动的变化，而且这样的变化并不存在着一个制约另一个这样的死板教条。社会大气候影响着教育活动，这是毋庸置疑的，但是有时教育的确会对社会产生深远的影响。我们国家的学校深受政府权力的影响，但是在发达的西方国家，学校特别是大学又有相当大的自主权。一流大学的存在几乎又成了一个现代文明社会的重要标志。所以，教育规律即使存在也是一种软性的规律。这个规律其实就是探讨"培养什么样的人""如何培养"这样的问题。教育的规律是软性的、松散的，但是也并不等于就是"怎么都行"。事实的追问与价值的追问及对人的问题的追问都不是"怎么都行"的。如果说教育有规律就应该体现在这些问题上，那么在培养什么人的问题上，社会经验与文化传统对教育的制约作用往往远大于学校本身的作用。但是学校的作用就在于发掘出这些因素中的教育因子，为儿童的成长提供一个特殊的环境。当一个社会的传统与现实不能担当起一个新的价值追求的时候，应该更依赖于学校环境的净化作用。当我们学西方提倡"学校即社会，教育即生活"的时候，却从来没有考虑过，西方的传统与现实社会条件是否符合人的成长要求？另外，我们有没有这样的文化传统与社会条件？我们现在首先是要追问我们的教育如果回归生活的话，应该回归到什么样的生活中去？我们应该培养什么样的人？我们的生活中具备了这样的教育条件吗？盲目跟在西方的后面乱喊"怎么都行""教育回归生活"之类的话，实际上是幼稚的，中国社会的转型需要一个启蒙阶段，这个阶段还要依赖学校的净化环境作为新观念的传播园地。所以在追寻教育规律的时候先要解构辩证法教条下的规律，否则，将给我们的教育制造混乱。

（2006 年 10 月 13 日）

第四编　守望学术研究的良知

文 章的高度

　　我这里所指的文章高度，不是指思想境界高、立意深远、能够高瞻远瞩的意思，而是其风格雅俗共赏的程度，同时也是所发表的杂志的权威性程度。

　　现在流行的论文水平高低的标准，首先是看期刊的权威性，其次是看文章的性质是否是严肃规范的学术论文，而严肃规范的一个要求就是有没有那些注释，有没有摘要及外文摘要等。另外还有注释里有没有外文，外文有多少种类等。这些东西齐全之后，才会有资格被认为是高水平的论文。评职称、申请课题等常常是需要这些文章做资本的。这里我有一个发现，就是如果用今天我们学术论文的评价标准来要求当年的鲁迅、陶行知等先生们，你会发现，他们的文章其实根本就难以入流。因为，我看他们当年写的文章，绝大多数是在报纸上发表的，而且是那些不起眼的豆腐块居多，报刊的权威性也是非常低下的。鲁迅的文章大都发表在陈独秀主编的《新青年》上，今天看来有点儿四不像的味道，一会儿文学，一会儿诗歌，一会儿历史，一会儿正儿八经的论述性文字等。而鲁迅与陶行

追寻教育的真谛——许锡良教育思考录

知当年发表的文章，严格说来称得上是严肃的学术论文的竟然连一篇都拿不出来。但是，他们就是靠这些四不像的杂志与边角料性的报纸上的豆腐块成了一代宗师。当然，时代不同了，不能够一概而论。但是，不严肃的学术论文，不但成了永恒的传世之作，而且影响了中国近一个世纪，而且还将继续影响下去。教育及学术界的许多学者，就是靠引用、注释、复述他们这些不规范的文章，成为严肃的学术论文，当上博士、教授与博导的。这个世界上耐人寻味的事情实在很多。

因此，我一直在想，文章的意义与价值究竟如何？是改头换面，穿衣戴帽，装出一副豪华贵族的样子唬人，表示出自己学问高深莫测的样子，还是为了传达知识，发现思想，探索奥秘，满足人的求知欲，或者真正是有所发现？理论上是毫无疑义的，但是，实际中却完全不是这样。人们有时在文章撰写上表现出来的对"椟"的兴趣远远超过了对"椟"中的"珠"的兴趣。对文章发表在什么刊物上的兴趣，远超过了对文章本身有什么发现、有什么价值的兴趣。当然，如果某个学术期刊在选用某篇文章前，确实有严格的专家审查环节，确实本着学术思想的创新来选用文章，那么，这种只盯着期刊名的做法，也是可取的。比如，世界著名的《自然》《科学》杂志上的文章，那是相当具有权威性的。但是，在国外，文章即使发表在这样的杂志上，也仍然要接受专家同行的继续批评与质疑，而且这样的工作永远不会停止下去。不论什么时候，不论过了多少年，如果发现有抄袭，或者有弄虚作假的现象，仍然难逃学术败类的耻辱，仍然会受到学术研究界的严厉惩罚。即使这个时候你已经是世界上著名的科学家，是一代宗师名人，也仍然会因为十几年前，或者几十前的某篇文章的抄袭、造假而付出惨重的代价。教育与学术研究上腐败，是最令人绝望的腐败。因为，连这一道防线都崩溃了，那么，这个社会连起死回生的机会都断绝了。

在教育与学术腐败日益严重的当今中国，重新回归求真务实的态度是十分必要的。也就是在评价文章的时候，我自觉地不再看其文发表的杂志期刊名，我只拿文章本身来读，甚至发表不发表都是不重要的。一篇高水平与高质量的好文章，即使没有发表，只是挂在博客上，挂在网络上，甚至只是手抄互传，也要对能够写这样的文章的作者肃然起敬。文章发表在哪里，一切都可以通过公关搞掂，一切都可以通过权力或者金钱摆平，但是有一点是无法用金钱与权力摆平的，就是你所写的文章本身的思想魅力及透射出来的影响力。那种在文中表现出来的思想智慧及新发现，这是不能用金钱与权力弄到的。当然，也会有人说，这同样可以通过权力压迫或者金钱买通优秀的学者代劳，但是代劳的东西只会是局部的、偶然的，而不可能一直如此。而且真正的学术同行，在考察一个人的学术水平的时候，常常是持续跟踪他公开发表的文字。当然，还有更要命的就是他的演讲与报告，这是不能造假的。你的文字可以请人代劳，但是你的演讲，你在回答听众提问时表现出来的思想力度及眼界和学养，这是无法让人代替的。所以，西方对一个学者水平的考核常常是把著作、文章、演讲、学术报告及对话综合起来考虑的。经过这样的考核后，那些假学者、假论文是无法蒙混过关的。

这个时候，学术论文不是追求高度，而是追求低度，这个低度，就是你的文章在现实中的解释力，在社会中的影响力，在学术同行中的开拓引导力。你得先把文章写在大地上，然后才可能把文章像星星一样挂在天空中让人仰望。当然，自然科学与社会人文学科，特别是教育学科又有所不同。自然科学的发现常常是单线性的，一旦有发现，你就是独一无二的，而这个发现往往来源你的研究角度与方向的选择。但是社会人文学科却有所不同。学养的积蓄，思想与人生的历练，知识的厚度，视野开阔的程度，有无见识与灵光闪现的思想等，并不是一蹴而就的。你得先从地上爬起，从最基本的读书、做笔记、思考、写小文章开始，然后融合自己的人生体验，加上天赋与灵气，才能够慢慢让文章在大地上长大，直到有一天，你的文章上到天空，成为星星的一种，或者成为流星，或者成为行星，或者成为恒星。但绝无可能一闪耀就成了天空的恒星。

教育类的文章更是如此。我有一种直觉，就是教育类的文章要想有多少原创的思想与知识是困难的，教育类的文章其实一直都是在借鉴、综合、取舍别的思想与知识，以便如何用来教育下一代，以及怎样来教育下一代。教育类的文章要论原创，只能是二级水准上的原创。这就是应用与取舍上的原创，或者视角转换上的原创。教育类的文章没有独到的发现，所有的思想与知识都是别的学科创造发明出来的。教育思想是哲学家与思想家提供的，教育审美是美学与艺术学科提供的，对世界的认识是自然科学提供的，对人生观的定位，是伦理学与宗教文化提供的，等等。这些都决定了教育类文章只能从地上写起，从地上生长、长大。扎根于所研究的教育对象的现实中，是一切教育研究及教育类文章的生命源泉。

这里以肖川先生的研究成果为例。他是一个学者，名牌大学的知名教授、博士生导师，一个真正的教育理论工作者，他写过一些发表在权威杂志上的论文，也出过一些教育专著。可以说他的教授与博士头衔基本上都是靠这些论文获得的。但是，这些论文在社会上，在教育领域中，据我个人的了解，产生的影响是比较小的。将来会不会有很大的影响力，恐怕现在也难下结论，但也不容乐观。古代那种成书之后，藏之名山，待百年之后重新发现，传之于世的故事，在现在这样的资讯发达、信息与知识经济的社会，恐怕是没有市场了。何况教育论述基本无第一原创性。这种情况是绝大多数的教育理论工作者的命运悲剧。但是，肖先生撰写的几本在许多人看来登不了大雅之堂的小儿科式的随笔集，不但现在非常流行，对当下的影响也很大，而且将来流传下来的可能性也是很大的。至少目前对教育界，特别是基础教育界产生的影响是非常实在的、无可替代的。无独有偶，教育学界的老学者陈桂生先生的论著，其实也没有他的随笔影响大。会写教育随笔才能把自己的教育思想在教育现实中扎根，产生影响。纯粹的学院派在面对现实教育的时候，常常束手无策，非常孤独可怜，只能几个人坐在一起，互相吸收吞吐，互相承认与吹捧；把自己装进象牙塔的铁套子里，这个生动活泼的教育世界是与他们无缘的，他们也没有胆量走进真正的教育世界。真正的教育思想与理论要直接植根于教育现实土壤的深处，去产生广泛的影响力。要像陶行知先生那样，用高的思想境界和国际视野，去引领充满生命活力的教育现实。教育中每一种产生了实际性的影响都会作为教育遗传基因代代相传的。正如孔子的教育思想现在仍然在影响中国的教育一样。只不过影响也是分积极与消极的。只要有影响，这种教育文章就不可忽视。思想上的影响是与权力与金钱关系不大的。有权力的人，你不能够强迫别人在内心真正认同你，用金钱同样做不到，当然表面上似乎可以，但是，不会长久。真正在思想上触动过人们的东西却是根深蒂固的。而且越是随着时间的推移，越是历久弥新，越是影响深远。比如，鲁迅的文章中表现出来的影响力、震撼力与冲击力，处处都是针对人们的思想去的。后来的人可以反对他，批判他，也可以赞同他，欣赏他，但是，你就是做不到对他的东西无动于衷，只要你想在思想上较真，只要你还想做一个会思想的人，他就是一个里程碑，你是跳不过去的。一篇文章如果对人的思想产生了深刻的影响力与冲击力，特别是震撼力，他永远无法摆脱。以后要做的工作不过是或者批判，或者强烈认同，或者表面不在乎，内心却耿耿于怀。这就是真正文章的魅力。一种能够对人的思想产生深远影响的文章，就是把文章扎根在大地上了，把文章写进了人的心田里了。所以，文章还是从低处写起好，做点滴的细致工作，不要太在乎你的文章发表在什么地方，只去在乎你的文章有没有人阅读，有没有人关注，有没有让人绕不过去。一篇好文章，一篇直抵人的思想与心灵世界的好文，你可以装做没有看见，但是，直到有一天，你发现自以为构筑起来的完美的学术思想大厦，因为没有了这块砖头，而坍塌了。在这里我重申，教育的文章要直接写在大地上，在大地上扎根，然后扎根于人的思想深处。文章的高度是从地上长起来的，而不是从空中降临的。那些学术上的欺名盗世之徒，文章发表得再高，享受的名誉再多，终因无思想，无智慧，无灵气，而变得老气横秋，在他还健在的时候，就消失得无影无踪了。这种悲剧是不少见的。现在，要改一句广告名言，"高度决定影响力"，将之改成"低度决定影响力"，因为世界是平的。那么要低到什么程度？就是低到地面以下，直到扎根到深处为止。

（2007 年 12 月 20 日）

我们是怎样误解了学习的

　　谈到如何向"名师"学习的问题，我早些年曾经看到过这样一个历史典故：

　　1943年，徐复观初次拜见熊十力，请教熊氏应该读什么书。熊氏让他读王夫之的《读通鉴论》。徐复观说那书早年已经读过了。熊十力不高兴地说，你并没有读懂，应该再读。过了些时候，徐复观再去看熊十力，说《读通鉴论》已经读完了。熊问，有什么心得？于是徐便接二连三地说出许多他不太满意的地方。熊十力未听完便怨声斥骂道："你这个东西，怎么会读得进书！任何书的内容，都是有好的地方，也有坏的地方。你为什么不先看出他的好的地方，却专门去挑坏的；这样读书，就是读了百部千部，你会受到书的什么益处？读书是要先看出他的好处，再批评他的坏处，这才像吃东西一样，经过消化而摄取了营养。比如《读通鉴论》，某一段该是多么有意义；又如某一段，理解

是如何深刻；你记得吗？你懂得吗？你这样读书，真太没有出息！"

我早年也看过徐复观先生的这段回忆录。熊十力先生之所以有这样的态度是不奇怪的，这正是儒家在学习方面的态度，或者说对中国传统文化的态度。因为中国人的思维中本身就缺乏批判性思维，并且不大能够容忍批判性思维，也就是强调所谓的"和"，不是社会和谐的和，而和稀泥的"和"。其实就是缺乏学术讨论与争鸣的习惯与氛围。

一个人能够读出一本书的不好之处，说明他已经知道这本书好在哪里。发现问题的前提就是知道产生问题的基础，因此熊十力的指责是没有道理的。至于有人说"我们那时学习都来不及，哪有空去挑老师的错误"的说法，就更是荒谬。这种看法把学习无疑看成是一个记忆与背诵的过程。能够有能力挑出老师错误的人，才是真正在向老师学习，并且是批判式的学习。这种学习才能够真正深入，而且才能够不断地把学术研究向前推进。这种学习的结果就是"江山代有人才出，各领风骚三五年"。那些认为只有看到一本书"好"的方面的态度，其直接的后果就是"万马齐暗究可哀"的人才匮乏的局面。即使江山代有人才出，也是要各领风骚数百年的。

应该承认，中国人对世界文明的贡献很小，数千年来，拿得出手的就是那唱了无数遍的"四大发明"，其实这些既与我们一向崇拜的圣人无关，也与我们的正统教育无关，还与我们的正统文化无关，那些都是一些布衣平民，甚至是文盲发明创造出来的。他们能够创造，恰恰是因为他们缺少了一点传统文化的熏陶与正统教育的约束。我们这个民族，无论在物质创造，还是在价值观创造或者其他学术贡献上，都是非常缺乏的。这与这种封闭式的、严重缺乏交流的学

195

习观是有关系的。

熊十力先生的学习观正是建立在对圣人崇拜的基础上的。这种心态与现在儒家蒋庆先生所说的观点有某些相似之处。他说，圣人的理性就是有权力审视凡人的理性，而凡人的理性就不可以审视圣人的理性。凡人降世的目的，就是为了崇拜圣人的。整个民族思维混乱到这个地步，怎么指望有什么学术创新？我以为最好的对照样本就是孔子与苏格拉底对待讨论的态度差异，也很能够说明中国式学习与苏格拉底式学习的区别。

孔子一生收了 3 000 弟子，据说贤者七十有二，其实他培养的学生没有一个是拿得出手的。孔子培养的学生为什么没有一个对人类的文明有较大的贡献？而且更要命的是，孔子的学生，包括他的后代，即所谓的"衍圣公"，也几乎是一代不如一代，一鸟不如一鸟。这绝不是鲁迅先生借小说中九斤老太的口来对孔子后人的污蔑，而是一个非常客观的描述，是有内在逻辑根据的。这里内在的奥秘正在于熊十力先生的那个对学习的态度。因为我们的学习不是要认识事理，追求真理，依照事实与逻辑来还原真相，而是让你在崇拜中丧失自己的理性与常识，也丧失自己的直觉经验能力。被这样教育过的学生，他们只会背诵前人的章句，摇头晃脑，一个个做东郭先生。颜回作为孔子最得意的学生，不仅在学术思想上没有什么建树，"不幸短命而死矣"，这直接与孔子所倡导的"一箪食，一瓢饮，在陋巷，人不堪其忧，回也不改其乐"密切相关。颜回在这样极其艰苦的生活条件下，"乐"什么呢？就是摇头晃脑地背诵孔子语录之乐。正因为这样孔子才那样赞美颜回，可是这恰恰就要了颜回的性命。

苏格拉底的学生就不同了，柏拉图是西方文化的源头之一。作为柏拉图的学生亚里斯多德也是百科全书式的人物，几乎每一个学科都是由他开创的。更为重要的是，他们从来不背诵自己老师的语录，而且还批判自己的老师。在批判自己老师的时候，还要振振有词地说："吾爱吾师，吾更爱真理。"无论老师还是学生，在真理面前是真正平等的。面对真理，只有谁更正确之分，没有地位的尊卑贵贱之分。这种平等、自由、开放式的批判与探讨式的研究方式，正是西方学术不断发展的重要原因。他们培养出来的学生，一代胜过一代，各有千秋。一代宗师，只是开开风气，并不占据圣人的地位。因此当中国的孔子成为圣人，变成神圣得不可质疑的时候，西方的苏格拉底却只是一个"产婆术"的使用者，是一个声称自己不但没有掌握真理，而且甚至也没有知识的人。苏格拉底没有断绝后人超越前人的路，但是，对孔子封闭式的崇拜却使后人无论怎样都是抬不起头的。学生只有等到自己的老师死掉，才能够号称新一代宗师。否则，你的学术贡献再大，自己的老师还在，要把老师往哪儿摆啊？更要命的是，学生在老师面前，话还没有说，却已经是错了。正如儿子在父亲面前，话还没有出口，也注定已经错了一样。在这样的心态下，学术发展不发展还是其次，更重要的是，这种氛围，把中国人的人格搞得很猥琐，不独立，不豪气，常常大气不敢出，有意见只能够腹诽，有欲望只能够使阴谋耍诡计。中国人性格中普遍尚阴而严重缺乏阳光心态。由此可见，这种可怕的学习方式，把中国人的性格也搞坏了。

　　这种性格除了不阳光外，最重要的是中国人不会好奇，不会探究，不会想象，也不会提出问题，对于权威更是不敢越雷池一步，只有唯唯诺诺的习惯，严重缺乏批判性思维。中国人的性格中，只注重说话者的权势，而不看话本身说得是否有水平，是否符合逻辑，是否符合事实真相。常常因人废言，因人重言。如果你身份地位低下，则无论说什么都是"人轻言微"，反之，大人物无论放什么屁，都有人来歌功颂德。中国人在这种学习心态下，产生了严重而普遍的错误学习心态：一是崇拜权威主义的心态；二是害怕犯错误，不敢尝试；三是缺乏独立思考能力，只会背诵；四是极其缺乏想象力与创造力；五是缺乏幽默感与情调；六是不尊重事实真相，也同时严重缺乏逻辑常识；七是眼界狭小，庸俗的功利主义，没有宇宙性的开放意识；八是不尊重人本身，而只认"钱权"二字。这些早已经作为一种国民性基因渗透到我们每一个人的骨血里了。

(2009 年 3 月 2 日)

先 取得话语权

　　我常常看到，在教育领域里，许多有重大影响的公共教育事件，往往缺乏权威教育学者的声音，而且每当这个重大的关键时刻，他们的声音似乎总是缺失。

　　我记得有一个教授曾经说过，一个人要先取得话语权，不要急忙表达自己的声音，只有等到取得了话语权之后，你的话才会有分量。并以此来教育自己年轻的弟子，这番良苦用心是可以理解的。可是，我现在看到的现象是，越是有话语权的人，甚至越是有话语霸权的学者，越是在关键的重大问题上没有自己的声音，他们仍然在隐藏自己，包装自己，这或者是继续取得更多的话语权的一种策略？不过，此举也实在是太聪明了。

　　其实，其取得话语权的策略在某种特定的情形下确实是有必要的。那就是在话语权被某些权威人士所垄断的时候。如果你没有取得这种话语权，那么你就只能充当沉默的大多数，你的声音无法表达。即便是有点自己的想法，也只能是"吟罢低眉无写处"。

　　如果在没有言论自由的情况下，这是可以理解的。但是，现在

其实并不存在这样的情况。如果说权威的话语权仍然是处于被严厉的垄断状态的话，那么今天在互联网时代，无论是谁，只要他有条件上网，只要他会打字，发表自己的声音应该没有什么话语权不话语权的问题。此时再论话语权，只能够是"话语霸权"或者"特殊利益权"的另一种掩饰用语而已。

但是，一个人一旦取得了这样的话语霸权，则只能够是更没有话语权了。因为，为了保住这份来之不易的话语霸权，只能够更加依附于权贵，越只能仰人之鼻息，勤快于别人的鞍前马后，唯权贵马首是瞻，独立发表自己思想见解的可能性反而更小了。事实正是如此。这种话语霸权，也常常只是相对一个普通的学者而言，而不是针对社会的，更不是针对权贵的。不过，如果你肯舍弃一些所谓的"特别好处"，也仍然可以不管这种话语霸权的。其实，我常常看到的恰恰是每每有重大的教育影响的时候，最有力量的声音常常是发自教育研究领域之外的学者，或者只是地位低下的普通教师。正是因为他们处于特殊利益的大门之外，才能够"无欲则刚，有容乃大"，更能够充分表达自己的思想，独立发表自己的意见。当一个人没有什么特殊利益可失去的时候，他就没有那么多的顾忌。畅所欲言，反而变成了现实。由此可见，所谓的话语权，其实更多的时候只是从特殊利益集团那里分得一杯羹的特殊利益权而已。

对于一个真正的学者来说，获得一点生存的利益，也只是为了保持住自己的话语权。为了一点蝇头小利去牺牲自己的终生话语权，其实真是愚蠢之极。别人施舍给你一点点学术权力，施舍一点点经济利益，便把自己什么都卖了。如果以此为做学问的标准，我以为不如直接去做官，或者直接去经商来得快些。学者也需要一份为生存而必须保持的利益，但是，这份利益存在的目的，一是让自己能够有尊严地活下去；二是这点合法利益，也是为了捍卫自己自由独

立的思考权利与自由言说的权利。一个学者不能够独立思考，不能够自由言说，其实他作为学者的生命已经结束了，已经沦为一个吃喝拉撒睡的行尸走肉而已。只能够算一个活着的动物，而与一个思想者或学者无关。

有人说，如果你不写那些批判的文章，那么你会有许多发表的机会。可是，如果我不写这些独立思考的批判文章，我发表又有什么意义呢？如果不批判，我宁愿不发表。一个人发表的东西，如果不是自己独立自由思考的东西，那还不如不发表。话语权如果要以牺牲自由独立思考为前提，那还不如不要那个话语权。在一些重大教育事件上，我能够保持自己独立言说的权利，乃是因为我无须顾虑保持自己的特殊利益与话语霸权。因为这些东西离我很遥远。一个学者的自由是很容易就被一点点小小的利益所收买的。写到这里，我又想起一个关于快乐的故事：

> 一个富人遇到一个穷人，穷人躺在大树下面乘凉，富人就说，如果你能够勤奋一些，就能够挣到许多钱。穷人说，我挣到了许多钱，又有什么用呢？富人说，挣到了许多钱就可以安闲地坐在大树下乘凉了，这样就会很快乐。穷人说，我现在已经安闲地躺在大树下面乘凉了，并且很快乐，你还是走开吧，不要打扰我了。

同样，我现在已经在自由言说了，不必再对我谈些什么先取得话语权，再去说话。有话就要说个痛快，有屁也要放个痛快，还是用你的话语霸权为自己捞点特别的好处吧！

（2008 年 6 月 24 日）

教育批判的意义

　　我们是否大大地误解了教育批判？教育批判是否意味着就没有肯定、赞美？是否意味着只是破坏而不建设？是否意味着笼统的否定而没有追根溯源？是否意味着把自己的责任抛在一边，只做无端的指责？还有人说其实谁都想把教育搞好，而且那些教育实践者们也多是善良的，智慧的，与他们接触，你实在不忍心也无资格批判他们，等等。

　　如此理解教育批判恰恰是一种歪曲。有此类误解的人仍然不少，所以，我国的教育批判仍然是一个敏感而灰色的工作。把批判的对象对准某些人肯定是有严重偏差的。我以为批判的价值在于挖出某些根源性的东西来，把一些五彩缤纷的谜团还原，解构某种看似可以毫不动摇的东西。然后进行思维方式及价值观念的转型。如果不从这些方面入手，确实是毫无意义的，而且是永远说不清的。批判这个词曾经被中国人在"文革"糟蹋了，以致今天人们一谈到批判就浑身不舒服。其实，不懂批判思维，正是中国教育的一个重要悲剧之源。没有经过批判的理论都是不可信的，没有经过批判的理论

都是伪理论。

确实，谁都想把教育搞好，但是问题就出在了什么是"好的教育"，这个问题我们这个民族数千年来就没有认真思考过，而且对这个问题一直是含糊其辞的。如果有一个教育工作者说他也想把教育搞好，那么我就想问他，你心目中的好教育是什么？请你描绘一下心目中的好教育是怎么回事。我保证这里面不同的人的回答绝不会一样，甚至是矛盾百出，彼此抵触。可是，当我们泛泛而说的时候，大家都在用"好教育"或者"新教育"这一类的词。所以，教育是不可以忽视名词概念的分析作用的，更不可以蔑视教育批判澄清的作用。那些以教育行动，以做教育为借口否认对教育思想价值观念作出应有的梳理的所谓教育实践者，其实离一个教育盲动者不远了。我在这里再次重申卢梭的一句名言：受到错误教育的孩子远不如没有受到教育的孩子聪明，在错误的道路上狂奔，还不如站在原地不动。没有理论思考与价值澄清的教育，缺乏批判声音的教育是多么可怕啊！我们几辈人已经在"做永不生锈的螺丝钉"中度过了一生，这些教训需要有人来总结，来反思。付出了代价就得有所收获。中国的教育要从批判开始，在批判中构建才是希望。

批判的工作是一个极其艰难辛苦的工作，需要有一定的理论功底与方法论上的掌握，并不是像有些人所理解的那样简单。以为批判就是简单地骂人，简单地否定一个东西，这不是真正的批判。批判其实是有赞同，也有反对的，更主要是作出理性的梳理。你可以不同意，但是你对不同意的东西，你要拿出证据，说出道理，用严密的逻辑来论证。你说人家是错的还不够，更重要的是要证明他是错的。同时，被批评的人如果要想不被人家证明是错误的，你也得起来为自己辩护。如果你不辩护，不是说明你宽容大量，而是你承认了人家证明你确实是错误的。批判是要把自己融进去的，而不是

第四编　守望学术研究的良知

把自己抬高到裁判官的角色。我说我不相信教育神话，正是因为我相信自己作为一个教育工作者的直觉与所知道的常识，有对这些的自信的支撑。同时还包括对一些东西要重新思量，不盲目跟从的意思。

关于批判的界限与标准的问题，请参阅陈嘉映先生的《真理掌握我们》一文。我们永远只能无限接近真理，而不可以由某人来宣布他掌握了真理。我们只能作为真理的追求者，而不是真理掌握者。批判无非是要大家动起脑筋来，不要盲从迷信，这是一个过程，而不是一个结果。真理就蕴藏在批判与讨论的过程中。任何思考与批判中止的地方，真理就从那里消失。

当一个人有所批判的时候，意味着他同时也就有所赞同。比如说，你批判把人当成螺丝钉、当成工具的教育，也就意味着你可能是要把对人的教育还原为人。你如果认为"创造教育神话"是不对的，那么也就意味着主张教育要脚踏实地，在人性化的教育理念下，要去做细致的点点滴滴的教育工作，容不得一飞冲天的那些过于虚胖的教育现象。谁说批判里没有构建，批判里没有肯定？当然完全以批判代替构建毕竟是不完全的。但是，批判是保证构建不断完善的动力。没有批判的构建难免有叠床架屋的嫌疑。只有当有人指出不要在这个破茅房上盖你的高楼大厦的时候，你才会吃了一惊。是啊，幸亏有人提醒，否则，多么可怕而荒唐的一件事就要出现了。"大跃进"时如果允许人们批判一下，恐怕这个世界上最愚蠢的事情、最大的笑话之一及最惨重的人间悲剧就不会发生在我们这个民族了。中国教育现在最大的问题之一就是缺乏合格的教育批评家，也没有一本真正的教育评论杂志。

另外补充一点，批判、反思、构建不只是某些教育工作者的事情，其实这是全民族的大事。包括整个民族都需要来重新仰望天空，借用尼采的话，就是要重新评估我们这个民族的一切价值。注意：是重新评估，不是完全推倒与简单否定。也就是说对每一个我们以为理所当然的东西，都要在自己的脑袋里重新过一过，才考虑是否接受或者抛弃或者部分保留。

心无主见的人，见风使舵的人，唯利是图的人，即使很有才华，很有理论功底，也都是不可能担负起教育批判的职责与任务的。只有那些有自己坚定的教育理想与信念的人，那些心怀责任感与仁慈爱意的人，而且有扎实的理论功底的人，才有可能把一个教育问题的探讨不断地深入下去。

（2007 年 12 月 11 日）

第四编 守望学术研究的良知

知 识人的理想国

　　但凡有点思想与精神追求的人，心中多少会有自己的一个理想国。古希腊的哲人柏拉图构想了一个"理想国"，这个理想国是在世界上从来没有真正产生过的。但是，也并不是凭空想象出来的。根据罗素的《西方哲学史》，罗素认为柏拉图的"理想国"是来自于当时古希腊的斯巴达这个军国主义国家。而且恰恰是因为实行民主体制的雅典败给了实行军国专制的斯巴达王国，才促使身在雅典的柏拉图以斯巴达为原型想象出一个"理想国"。

　　孔子的"理想国"则是远逝的周天子王朝。他口口声声赞美周公，可惜，周公离他已经过去了 500 年。不要说没有见过周公，就是连周公的书也没有看过。孔子理想的人物周公，也只是多少年口耳相传的结果。没有多少文字记载，没有真正的历史留传下来。就这样一厢情愿地认准了周公的时代是最完美的。连老子也认为过去的小国寡民的生活是最理想的。着眼于现实，放眼于未来的中国古代哲学家似乎还没有找到一个。此外，陶渊明的理想国是"桃花源"。康有为的理想国是"大同世界"。欧洲也出现过理想国，曾经

有过英国莫尔的"乌托邦"，欧文的"共产主义和谐新村"，意大利坎帕内拉的"太阳城"，法国的圣西门、傅立叶等。只是这些"理想国"始终局限于个人的理想与实验，远没有达到国家制度的层面，因而避免了全局性的灾难。中国近代史上的梁启超与严复的理想国都曾经是欧洲，但是因为第一次世界大战，他们对欧洲的美梦破灭了。梁启超与严复最后由西方又转为中国传统文化。

柏拉图的"理想国"与孔子的"大同世界"不同的是，两者依据的样本不同，前者多少是有原型的。虽然这个原型也是经过改造了的，理想化了的，但毕竟有一个现实感。但是孔子的"理想国"是过去的，无法复原的，甚至也是无法证明的。或许从这个差别开始使得中国的完美总是存在于过去，中国人的理想也不过是复古而已。直到现在，我们一谈理想的大学，仍然是过去的老北大，过去的西南联大，甚至连中学也是过去的中学。一谈过去的美，人们便心安理得。"厚古薄今"是我们这个民族文化的深层心理因素。

苏联的存在，曾经给中国人太多的梦想。即使中国与苏联彻底闹翻了，心中也仍然把苏联看成是自己的学习榜样与精神支柱，甚至干脆就是自己心中的"理想国"。但是，自 1991 这个现代帝国覆灭后，多少中国人的美梦也随着这个庞大帝国的覆灭而破灭。1992年，中国被迫抛弃实施了半个多世纪的计划经济，开始走市场经济之路。那时北大一个研究了一辈子社会主义计划经济的老教授，怀里揣着一个收音机，里面还在播放着党的十四大报告，就这样从六楼跳下来，以身殉道了。可以想象，那时是一种怎样的"理想国"的破灭啊。有时一个人的悲剧，也是一个民族的悲剧。一个人执著地研究了一辈子计划经济，诚心诚意地追求了一辈子的社会主义计划经济，最终原来不过是一场游戏一场梦而已。

崇尚理想国的民族大多还是因为害怕与现实打交道，不敢面对

现实。不知道世界上、人世间的幸福，必须一代一代去做长期的努力与点滴的争取，要用一个个人的点滴的汗水去挣得；权利要靠自己一点点去争取，幸福要靠自己一点一点去努力。天上从来不会掉下馅饼，永远不要幻想一步登天，不相信最好最完美，只相信更好更完美。把美国与日本看成"理想国"的中国人，当然比把500年前的历史看成理想国的人要现实一些，也更为理性一些。至少在交通与通讯都很发达的今天，几个小时的飞机，一个电话就可以亲自验证某些方面的真假。再有想象力，也得顾及这种现实的可验证性。但是，如果看不到人家的变化是一个长期的艰苦的努力的过程则是另一种理想国的幼稚。美国的民主与法治虽然很完善，却是一个漫长的艰难的发展过程，现在仍然在不断完善之中，而且永远不会有终结的时候。看看他们通过一个个的案件，积累种种历史的经验与教训，时时反省自己的过失，修补自己的不足之处，说明他们从来就没有像"理想国"那样完美过。日本人的起落曲折更大，但是，同样因为他们善于吸取教训，总结经验，才使得日本一天天变好起来的。

人类的理想国只不过是善于学习而已。人类如果善于学习，善于借鉴与总结自己的经验教训，不重复自己的灾难，这就是"理想国"。因此，如果有一天，美国与日本突然贪污横行，发动内战，自相残杀，瘟疫流行，民不聊生，我的梦想也不会因此而破灭，我会仔细研究导致这样情况的原因。人永恒的梦想是在追求更好。这是人类社会得以发展文明的动力。

（2008 年 5 月 27 日）

学 术思想需要边缘化

　　一个人如果有一种思想观点，很有价值，是不是一定要去占据主流地位，甚至掌握话语霸权呢？我以为如果是纯粹为了学术思想观点的发展的话，还是主动边缘化一些好。因为边缘化后会有足够的时间与精力和冷静的思考空间。如果我们自以为很有思想，而且认为这样的思想可以用来一统天下，那么无论这样的思想观点多么有道理，也是相当危险的。所以中国的儒家不是不好，而是因为被用来一统天下之后，其味道就变了。其实这个世界上有无数种思想，都不可以说完全有道理，也不可以说一点道理都没有，最可怕的是思想一旦形成一统天下的局面。那么思想中活的灵魂就没有了。所以，美国的实用主义其实就是思想的多元主义，是多元兼容。如果说过去多种多样的思想观点是我们住在酒店里的房间的话，那么美国的实用主义就是通往这些房间的走廊。它起到了沟通一切思想的作用。这里对一切思想取舍的标准就是人的尊严与人的自由。舍弃这个标准，那么一切思想都没有意义。实用主义的本意就是要以人为中心，来看待各种形形色色的理论和思想。这个思想实际上也是与美国的多元社会现状相吻合的。

我们常常假设有一种思想可以包打包治天下。本来中国的经典《论语》中确实有许多宝贵的思想，可是当人们企图以一部《论语》甚至半部《论语》治天下的时候，一种可怕的局面就出现了。特别是"罢黜百家，独尊儒术"的状况出现的时候，一个民族的思想之源就干枯了，一个思想的灵魂就死掉了。

所以，当有人说："先争取到话语权力，再来说话。"这样一来似乎在争取到说话的权利之前，一切都是可以忍让的。忍辱负重也是应该的，因为要为争取话语权。这看起来是一种不错的策略，实际上，当我们用自己的一些低下的行动换来了所谓的话语权的时候，我们又能够说些什么呢？我们看到的是有了话语权的人，再也说不出什么了，或者再也不敢说什么了，自己已经成了当初想说的话的对立面式的人物了。当初想批评的，现在唯恐失去了；过去想赞扬的，现在极厌恶了。再说，为什么一定要在行动上有所体现才算是成功呢？其实我们总是过大地夸大了自己的力量。我们常常看似改变了世界，但是其实什么也没有改变。当初中国的"文革"在中华大地上何其翻天覆地，可是一结束不久，就又恢复到了以前的状况。人对社会的改变，是不可以逆人性而动的，只能顺人性而动。无论你多么努力，只要是反人性的，就不会因为你的改变而产生多大实际上的改变。人类的真正改变，只在于思想价值观念的改变。如果这些没有改变，那么，人在世界上的生存也不会改变。一个现代社会，一定会给学术与思想以独立的地位；一定要给人们独立思考与探索的权力。所以，学术思想本身也是一种事业。用独立思考而来的思想说话，是一个社会中一项不可缺少的事业。这就是为什么在西方社会的现代大学几乎不约而同地主张学术思想独立的原因。要强化学术思想的独立尊严，在金钱与权力面前保持自己的独立价值与尊严。

实干的人是离不开有思想的人的智慧的。我们最大的毛病就是干蠢事的人太多了，以至于这样看似实干的行动，却最终都免不了成为蛮干。请不要忘记，我们当初"风吹草低见牛羊"的美丽山河就是在这种盲目的实干中变成了一片茫茫沙漠与戈壁滩的。

中国的大思想家出得少，甚至很长时间里都断绝了。这几乎就是中华民族的全部悲剧的来源。且看看德国的康德吧，他一辈子呆在一个叫哥尼斯堡的小镇里，什么也不做，甚至连结婚成家都懒得去做，他一生仅以思想与学术为业，他做过什么实事呢？但是，他对世界文明与进步是不可缺少的。

教师职业，天然地就是一种以学术思想智慧作为说话内容的职业。如果说教师对学生有什么教育上的实干，我以为就是对学生说了一些有思想智慧和富有爱心的话而已，或者是说了一些恰当的话而已。如果不是这样，那么我们还实干了一些什么呢？如果教师的实干就是把学生管得严严实实，服服帖帖，那么我们究竟要干什么呢？我不敢想象没有爱心，也没有思想智慧的教师究竟要把学生怎样？所以，当你指责一个教师只是在说空话的时候，别忘记了，说话，说有思想智慧的话，就是教师的事业。他就是要通过说话，把学生变成一个也有思想智慧，会独立思考的人，而不是一个只是任人摆布的螺丝钉。

（2007 年 5 月 8 日）

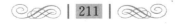

文 章的多与少及质与量

之所以想起这个话题，是因为在刘铁芳先生的博客里看到一篇转帖的文章——《如何看待高产》，我想讨论一下这个话题可能也是很有意思的。

文中转述了周光召先生一封1994年给理论物理研究所全所研究生和研究人员的信，信中的一段是这样说的：

"我们每个人既然选了理论物理作为自己的毕生事业，就要立大志气，作大贡献。唯一的办法就是努力拼搏，重要的条件是精神解放，要从算文章多少、想提职提级，与身边不远的同行比高下等限制我们发挥聪明才智的束缚中跳出来，想物理学中没有解决的大事，碰那些困难的问题，敢于标新立异，出新思想，同时练就扎扎实实的手下算功。"

应该说周光召先生这段话，在目前科学研究日益浮躁，充满泡

沫的背景下，是尤其值得重视的。在这里周光召先生无疑不喜欢用文章的数量多少来衡量一个人的科学研究水平高低与研究成就大小。这样说是很有道理的。

但是接下来，作者似乎就要论证，文章的数量与质量是成反比的。作者说：

> "当然很有想法的 S. Shenker，也只写了 50 篇文章左右。自然，tHooft 的文章不多。但他们都是大师。最近得诺奖的 Kobayashi 和 Maskawa，文章都不多。有人会说，Witten 的文章很多。这话不错，Witten 是那种罕见的既高产又高质量的人。但是，这样的人实在太少，不要随便攀比。再说，如果 Witten 的文章能少一点，没准 D－brane 和 AdS/CFT 就是他想出来的。爱因斯坦和玻尔，一辈子也就写了 150 篇文章左右。我们有很多人，年纪正轻，文章数量早就超过这个数字了。不是不能高产，而是大多数人不能高产。"

当然，这在某一特定的情况下，特别是对某一特定的人来说，也是有道理的。但是，如果将数量看成是与质量成反比，这里同样犯了将数量与质量成正比，以数量定论一个人的科研成果的逻辑错误。论文的数量与质量之间没有什么必然的关系。有人一生写作无数，但是几乎篇篇精彩，也有人一生惜墨如金，但是写出来的，不幸还是破铜烂铁，并没有因为写得少就写得精。

我们在论文写作与科研成果上，动辄喜欢用"十年磨一剑"来说明用功之深。好像积了十年之功，就一定非同凡响一样。其实，我们现在也知道，如果用冶炼青铜器的磨铸办法来磨剑，那么即使

"积十年之功"磨出来的剑，其锋利程度也远不如用现代炼钢技术在几分钟时间里铸出来的剑坚韧锋利。同样，人与人也是不同的，有人能够高产且高质，也有人可能低产高质，还有更多的人可能是低产也低质。盖科学研究，人与人是大不相同的。另外，文科与理工科类又不太一样。

《如何看待高产》的作者提到爱因斯坦，说他一生只写了 150 篇论文，这个说法其实不太准确，爱因斯坦一生写作的各类论文近 400 篇，而且学科跨度非常大，涉及物理、天文、思维、教育、政治、社会等许多不同学科。相对爱因斯坦来说，法国的彭加勒写得更多、更杂，他一生只活了 58 岁（1854－1912），却写了近 500 篇学术论文，30 部科学专著，还不包括他撰写的大量的科普著作及科学哲学著作。他所论及的范围囊括了数学、物理学、天文学、哲学甚至心理学及其分支学科，特别是数学的所有领域。而且他同时也是在所论及的每个领域，都有许多原创甚至是开拓性创见的人。爱因斯坦一生也是专精与博杂相辅相成、相得益彰的，而且爱因斯坦终生保留了想到就写的习惯，他的办公桌上随时都准备了可以用来书写的白纸与铅笔，他的许多闪光的思想与深邃的智慧，就是这样随想随记得以保留下来的。如果爱因斯坦当年有电脑和互联网这样书写交流方便的工具及互联网这样能够跨越时空的讨论，相信爱因斯坦留给人类的思想智慧还会更多。

论文的多与少，其实不仅可以观其一生如何，其实还可以在一个比较短的时间里做观察。还以爱因斯坦为例，1905 年是他的奇迹年，也是人类物理学研究的奇迹年。那一年，爱因斯坦从 3 月 17 日始，在 6 到 8 周的时间内，先后给世界物理学研究最权威的学术期刊《物理学年鉴》提交了 3 篇论文，另外，还写了 1 篇博士论文，并且还发表了 10 篇书评。这些论文彻底改变了物理学的面貌，成为

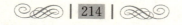

划时代的文献。那一年，爱因斯坦年仅 25 岁。如果用《如何看待高产》的作者的观点，在这样短的时间里炮制出这么多的文章，肯定是有一种负罪感了。实际上，1905 年，那样权威的物理学术期刊在 1 年的时间里先后为爱因斯坦发表了 5 篇划时代的高质量的论文。同一权威期刊在 1 年时间里发表同一名不见经传的小毛头小子 5 篇论文，其中就包括爱因斯坦当时几乎无人能够读懂的"相对论"。更要命的是，那 5 篇论文即使是在当时的物理学界也是不够规范的。因为，5 篇论文没有一篇有注释，也没有引用，那些天才智慧似乎真的就是从天上掉下来的。爱因斯坦的"相对论"的写作风格还用了文学式的语言，有不少抒情成分，这样严肃的物理学研究学术论文竟然是以这种面目出现，而且那份权威杂志居然全部照发。这一点在目前的中国学术规范的情况下是不可能出现的。但是，为什么爱因斯坦当年就能够实现？这里最关键的是，他们尊重的是学术研究的内在的原创性。至于一个人能否在同一时间里发几篇论文，那不是问题，作者是不是名家与权威，也不是问题，用这么短的时间写出这么多的论文，更不是问题。唯一重要的是，论文有没有创见，有没有重大发现。据说爱因斯坦同时提交的 3 篇物理论文，有 2 篇后来得了诺贝尔奖，还有一篇，就是"相对论"，当时几乎没有人能够完全读懂，但是，考虑到能够看懂的那两篇论文的水平之高，创造力之大，因此，虽然当时无人能够懂得"相对论"，也照发了，这就是真正的学术研究精神。当时审稿人之一就是当时最著名、最权威的物理学家普朗克先生，他至死对"相对论"都持怀疑的态度。但是，他当时还是让"相对论"得以公开发表了。可见在有真正的学术研究的地方，什么数量，什么发表多少，什么学术论文规范程度，这些都是非常次要的表象，如果你真有创见，最权威的学术期刊在一年内同时发表几篇又有什么不可？一个人一年写他 10 篇 20 篇为

什么不行？如果没有创见就是十年写一篇，也不一定有什么价值。

学术论文的生命在于有创见。有创见，即使 100 篇也不嫌多，没有创见，就是 1 篇也是面目可憎的。有些教授、博导，对学生只要求数量，有的却相反，要求落笔不能太快，主张沉默是金。这些都是在学术的外围转圈。作为专家、教授、学者，对学术论文，为什么不能够做个专家同行鉴定呢？你也是搞这行的，有这个专业的前沿知识，知道这个专业的前沿问题在哪里，本来学术水平的问题是通过专家同行审阅就可以解决问题的，但是，现在由于专家教授也是良莠不齐，专家不专，因此只有靠外在的评价，如什么影响因子、引用次数、SSCI、转载率、核心期刊、权威杂志之类。当年普朗克就不是这样审阅爱因斯坦提交的物理学论文的。那时爱因斯坦不仅年仅 25 岁，而且还不是专门的物理研究人员，也不在大学任教，只是在瑞士专利局任一个三级技术员职务，真是名不见经传的毛头小子一个。但是，有真学术研究的地方，这不是一个问题。相反，中国现在的学术研究，要不就是看数量，以数量论人的科研成果大小，要不就反其道而行之，专门对付那些写得太多的人，对他们的写作形成歧视。有这样看法的人，不在少数，既是对目前泡沫学术的物极必反，也是另一种虚浮的表现。

我记得华东师大历史系知名教授许纪霖先生就有过这样的话：

> "千万不要落笔太快，学问是一股精气，要做大学问，平时要善于养气，假如稍有灵感，就释放，自然成不了浩然之气。"

我一向对许纪霖先生是敬佩的，但是，许先生的这段话令人费解，有点玄学的味道。什么"一股精气""做大学问""善于养气"，

而且还要养"浩然之气"。这一下子就回到孟子那里去了。这里存在什么误解呢？就是以为做学问是与练气功、炼仙丹相似。其实做学问只是在思考与探讨问题，在提出问题，并且在寻找问题的答案，在探究一个谜，如此而已。学问不是积累出来的，更不是像炼钢铁那样炼出来的。学术研究不是把几十吨矿石烧炼成一克镭的工作。在这个问题上我们常常有许多误解。中国人喜欢用累计式的加法来看待一个人的学问长进。因此才有皓首穷经式的注释与阐述。以为材料的积累就一定能够成就大学问。其实法国大数学家彭加勒早就有言：

　　　　"如果收集资料就能得出科学理论，那无疑说把石头堆起来就是房子。"

　　彭加勒强调的是做学问先要有一个约定，也就是自己要有一个主见，能够根据这个主见提出问题。爱因斯坦也是最看重问题的。他明确无误地说过，提出问题远比解决问题重要，想象力远比知识重要。这就说明，人，只有在有了真正的问题之后，学术研究工作才能够进行。人对世界的认识，是随着他思考的广度越来越大的。一个人思考越多，能够提出的问题就越多。一个人提出的问题越多，他研究的兴趣就会越浓厚。一个人写得多的背后，如果不是恶意的抄袭，应该是他思考得勤奋的结果。

　　思考的过程要不要落笔太快？我以为，许纪霖先生的担心是多余的。爱因斯坦随时用准备好的白纸与铅笔记下自己的思考心得。好像他的学问做得也不小，浩然之气也没有减。心胸之博大与见识之深远，至今仍然是无人能出其右。当然，爱因斯坦是一个特例，并不是所有的人都能够做爱因斯坦的。但是爱因斯坦的思考方式与写作方式为我们提供了一个值得借鉴的样本。也就是，写是有助于思考的，有了想法，不但要落笔，而且落笔还不能够太慢，太慢了，灵光一闪而过，就再也不会回来了。海德格尔说，语言是存在的家。一个人能够写出来的，当然不会是他思考的全部。如果说一个人思考是一片浩瀚无际的海洋的话，那么下笔写出来的东西就是凸显在海洋上的岛屿。岛屿不断凸显，海洋的范围就不断地清晰。

当然，落笔写出并不等于一定都要公开发表。落笔写出，只是为自己的思想定一个里程碑，为自己的思考过程做一个标志。每个人都有隐性思维，但是，只有不断地写，才能够将这隐性的思维不断地变成显性的知识，让潜意识的东西变成显意识的文字。任何思想与知识，只有当它写出来的时候，或者用其他方式表达出来的时候，才能够成为人类的共同财富。不过，公开发表，由于要占据大量的公共的社会资源，因此，公开发表就不要太滥，要尽量将精品呈现。当然，像爱因斯坦这样的人，哪怕他只是随手记下的片言只语，也是很有参考价值的。这就是人与人的不同，科学研究，有时10 000个教授也不如一个爱因斯坦。

在这里文科研究与理工科研究可能还有一些不同。理工科研究，除了严密的逻辑思维外，还常常要在实验室里做实验，才能够作出判断，才可能有所发现。因此，理工科研究如果你不造假，不滥发烂文章，那么，严格说来，一篇好的论文必然是有要所创见的。但是文科研究不同的地方就在于，那些有原创的思想与学术，常常是千百年前就是人们论述过的。要论原创，恐怕不容易。但是，文科研究为什么还要研究呢？这就是理工科与人文学科不同的地方。理工科是单向线性前进的学问。牛顿那样大的物理学家，如果今天还活着，他的物理学水平恐怕去参加中国高考的物理考试都会不合格。但是，如果让他在大学里给博士开设宗教课，讲《圣经》，论基督，他可能仍然是最有吸引力的教授。19 世纪的大哲学家戈尔凯郭尔只活了 42 岁，但是你去翻翻他的全集，你会惊叹于他一生写作之勤，落笔之快，留下的著作之多，同时也会为他的巨大的原创性与思想智慧之深邃而叹服。

人文学科的思想与知识，在于不断地要与人类社会俱进，而不像理工科那样与学科逻辑俱进。因此人文学科越古老、越久远的就常常越是有魅力的。但是人文学科的研究同样需要发现问题：发现这个时代人类存在的问题。可能那个思想原理是几百年前，甚至几千年前的人发现的，但是，结合当下的时代，仍然会有新的问题层出不穷。学问要积累的不是"学"，而是"问"。我们培养人才，就是要培养学生敢于并且善于提问的精神，要鼓励学生多通过写作来训练自己的思维。如果说三日不读则面目可憎，语言乏味的话，那么其实三日不写，也会思维迟钝。有些人长期不动笔，最后思维迟钝，灵感不现，因此佯装大家，训诉晚辈，说他们思维太敏捷，灵光闪现太多，说到底，这是另一种忌妒方式。培根说：

> "如果你有一个苹果，我也有一个苹果，我们交换后，
> 各自还是只有一个苹果；可是如果你有一个思想，我也有
> 一个思想，我们交换，各自就有了两个思想。"

这是我们耳熟能详的名句。可是，大家忘记了思想的交换就是要说，最好要写出来。否则，你怎样交换呢？是吧。

（2009 年 5 月 26 日）

教育学没有专业

　　我对现在中国把教育学科越分越细，感觉有点不对劲。因为世界的教育学研究的趋势是越来越融合，甚至在美国，像有过杜威这样的教育家的哥伦比亚大学的教育系也被合并了。原因就是因为教育问题已经不是一个单纯的教育现象，更不是仅仅依靠研究教育现象就能够说得清的。教育现象的构成是一个大杂烩。其问题的产生不是仅仅靠研究教育本身就能够说得清的，更不是在教育内部就可以解决的。如果一个学科的问题既不能够依靠自己的话语体系说清，更不可能指望解决，那么其学科专业性及权威性自然是要受到质疑的。

　　但是专门研究教育问题的学者还应该存在，因为教育问题与教育现象需要有专门的人来研究探讨，这个工作单纯利用其他专业研究者的业余研究是远远不够的。但是，教育研究工作者应该以怎样的姿态来介入教育却是一个值得重视的问题。现在在中国，教育学的研究越分越细，似乎专业性越来越强，有的人甚至只把某一个教育问题当成自己终生研究的对象。其实教育问题并不能够单独说清。

无论从哪个角度终生研究某一个教育问题都是可笑的。因为用不了多久，就会遇到底线与死角的问题，必须跳出这个死角，才能寻找到一条新路。无论是解释清楚这个问题，还是解决这个问题都必须放到丰富的知识背景中去才行。教育问题的解释尚且不能单独只谈一个问题就谈得清，更何况要在现实中解决呢？

其实，教育中的任何问题都不可能不涉及其他学科领域。比如你研究生命化教育，其实这就是一个综合性的问题，离开了一些学科，不可能将生命化教育的研究深入下去。这里至少要涉及关于人的哲学、生命科学的最新成果，关于宗教、社会制度上的常识，伦理学和关于知识及关于思维的哲学，还可能要涉及一些美学方面的知识。有了这些背景知识，你才能说清什么是生命化教育，为什么要进行生命化教育及怎样进行生命化教育。教育原本就是直接针对人的培育的事业；以人为原点的教育，本来就是复杂多样的，怎么可能独立出来？生命与实践，都不是单纯的教育概念，这些都是综合性的。凡社会人文学科，都会涉及这些概念，都要关注这些概念。经济研究也需要关注人的幸福问题，哲学更是直接探讨有关人的生存问题的智慧，科技也要以人为本，医学更是直接医治人的精神与肉体。将生命与实践当成教育特有的关注对象是行不通的。

教育学术研究条块过分细致的分割所带来的问题就是教育研究工作者逐渐变得没有文化了，甚至常常缺乏基本的常识与基本的逻辑思维；只会玩弄几个枯燥无味的名字，特别是"教育"一词，似乎变成了教育学研究工作者的专业象征与救命稻草。这种现象是可悲的。其实古往今来，真正在教育学术思想上有建树的人，大多是由其他学科的研究转入到对教育的关注的。比如卢梭，他同时是一个政治思想家、社会学家、文学家，他由对社会的关注、对人的关注，才自然激起了他对教育问题的关注。因为用什么教育思想与教育方式来培育新人是社会中一个很重要的问题。再比如杜威，他是一个实用主义哲学家，并且是代表人物之一，同时他又是一个心理学家、社会学家。斯宾塞更是一个百科全书派的人物，一生都在做与教育没有直接关系的工作。洛克是一个哲学家、政治思想家，社会现实的身份是一个家庭医生，等等。类似的事例实在是太多了。我想了想，真正在教育思想学术上有建树的人，几乎都是由其他学科进入教育的。甚至是在其他学科上颇有建树后再来研究教育的。如康德、尼采、黑格尔、叔本华等，都是那个时代的一流的哲学家。这至少说明，真正的教育学术研究，必须要有深刻的思想，有敏锐的问题意识，还要有丰富的其他学科的知识。

将教育学画地为牢，越分越细，表面看来是越来越专业化，其实这是与世界大势背道而驰的。近几十年来，联合国教科文组织组织编写的几本经典之作，如《学会生存》《教育——财富蕴藏其中》都不是单纯的教育学者撰写的，而是来自全世界不同国家与地区、不同的学科专业的学者集思广益的结果。一个真正的教育大家也是可以收放自如地对各种教育问题谈出自己深刻见解的人。以杜威为例，关于教育的各方面的问题他几乎都有涉及，其学生陶行知先生也没有把自己局限在某个狭小的教育学术圈子里。陶行知先生的实力来源于他有广博而厚实的历史、文学、哲学、伦理学等学科知识背景。他那些随口吟出的通俗易懂的教育打油诗，却常常蕴藏了丰富而深厚的人文功底。你如果硬要用一个框框来划清陶行知先生究竟是研究教育中的什么专业的，立即就会陷入困境。其实杜威也一样，他是教育哲学家吗？他是比较教育专家吗？他是教育心理学家吗？他是单纯的教育社会学家吗？他是课程与教学论专家吗？他是教育逻辑学家吗？他是德育论专家吗？如此问下去，你会尴尬地发现似乎都是，又不仅仅是。这就说明，教育学研究工作者，首先要把自己锻造成一个知识广博、视野开阔、思想深刻、富有敏锐问题意识的学者。只有首先是一个思想者，一个学者，谈教育才有分量与实力。我们在现实中也常常可以看到这样的尴尬局面，当中国重大的教育问题出现的时候，首先不是教育学者发现的，也不是教育学者作出有社会影响力的评论的。相反，往往是那些其他学科中有建树的学者，如社会学者、哲学研究学者、文学或者历史研究工作者，甚至是自然科学研究人员中颇有建树的学者能够及时发现并且作出有说服力与影响力的解释。比如，清华大学的秦晖先生是研究历史的，也研究中国农村的经济问题，他那篇论教育的文章《教育有问题，但不是教育的问题》，视角就很新颖，而且看教育问题也很深刻而独特。这样的论述就需要有相应的历史知识、社会学知识，特别是要有敏锐的批判思维，才可能写成。教育学研究的学者专家反而常常在中国重大的教育问题上处于失语状态。这种失语状态，一方面可能是基于利害关系的考量；另一方面，更重要的可能是狭隘的专业意识与肤浅的缺乏起码文化常识的知识背景的视野，恐怕这个也是非常关键的。教育学者与其他一些学科相比普遍缺乏文化底蕴，缺乏常识，缺乏起码的逻辑思维能力与批判意识。在中国学术环境总体上不是很景气的情况下，教育学研究更是重灾区。

一个优秀的教育学者，必须是一个大杂烩，对文学、历史、哲学、心理学、法学、社会学甚至生命科学、物理学等自然学科也要有丰富的常识，以作为自己的知识背景，要有敢于打破专业界限，独立自由探讨问题的气度，而不要把自己局限在一个小圈子里，用几个自己创造出来的名词概念，做自娱自乐式的消遣，既不创造新的教育思想理论，也不关注教育现实。教育学的研究在思维方式上要回归形式逻辑，打破辩证法教条对教育研究思维的束缚，特别是那套简单移植于辩证法教条的话语，对真正的教育问题探讨不但毫无帮助，而且扼杀了人们对教育问题的批判意识，也阻碍了人们去发现真正的教育问题。一套密切有机联系，既这样，又那样，这个决定那个，那个又有反作用，这个是主导，那个是主体等之类的陈旧僵化的老套思维，正在毒害着教育研究工作者，一些人自以为聪明，其实非常弱智。一些教育学工作者已经沦为现实教育中片面追求考试分数的帮凶、掮客，所做的课题也是看在研究经费的份上。因为实在发现不了什么教育问题，研究教育也就成了一个挣"工分"的工具而已。在知识来源上要广泛利用其他学科的常识与最新研究成果来帮助教育研究工作者发现教育问题，探寻解释与解决教育问题的新办法，对教育重新作出新的理解。在方法上，其他学科所有的行之有效的方法都可以拿来借鉴使用。严格说来教育学研究没有单独存在的方法。逻辑的基本规则是不可以跨越的，任何复杂问题都是从最简单的逻辑入手的。对照现在中国教育学科的划分，你去看看，教育学各学科之间重复乃至雷同的地方是非常多的。教育哲学、教育基本理论、教育社会学、课程与教学、德育论、教育文化学、比较教育学、教育思想史……名堂无数，但是细细看下去，谁是谁啊，原来都是熟悉的面孔。所引用的经典著作与经典作家原来都是一家的。同样的货色，大家争相在自己的货物上贴标签。于是就成了各种不同的学科门派。中国的教育研究工作者，不是要去利用专业化来画地为牢，形成不同的利益小团体，而是最需要服从逻辑的基本规则，服从常识，服从良知，关注社会现实民生，并且需要有追求真理的热情与探究知识的欲望。舍此而追求教育学的专业化，就是死路一条。弱化教育学的专业性，这是顺应教育发展的现实要求，而不是故作主张。这不是对教育学研究的削弱与降低，而是对教育学研究工作提出了更高的要求，对教育的研究工作应该是放在一般的专业研究之上，而不是更低。

(2007 年 9 月 22 日)

无 立场的教育学怎样表达

　　"无立场"的意思，其实也就是要求客观，尊重真相，不加入个人的主观见解的意思。价值中立在这里是必须坚守的原则。但是，无论你怎样价值中立，都会遇到一个表达的问题。比如"听"这个词是没有什么价值与情感偏向的，但是用"聆听"则不同，没有人会用"聆听"来表达自己听了一个流氓无赖的讲话，当你用"聆听"的时候，其实自己的价值与情感偏向已经是完全定了，而且是毫无保留地偏向了一边。一个经常使用"聆听"一词的人，多少是带有"权威主义"思想情感的。他无论说得怎样好，无论怎样值得你敬佩，你可以认真"听"，却没有必要放弃自己的思考与辨别的权利。

　　即使是最纯粹的客观表达，在不同的听众看来，也仍然是有价值倾向的。当你要描述一个"客观的教育现象"的时候，你选择怎样的词语？比如"某教师打学生致伤致残"这一事实，这里使用的"打""致伤"与"致残"，里面已经包含了对教师的谴责与讨伐。立场已经显现在这个"客观描述"之中了。真要做到不带价值偏向是不容易的，至少要改成这样的描述：某教师用拳头与脚，在某学生头上，使用了 50 公斤的碰撞力量，学生头部皮破出血，脑功能部分丧失。人都容易带入自己的情感与价值观来观看一件事情。而作为教育者，其价值与情感本身也是一种教育资源，如果完全撇开这些，不仅是不可能的，甚至也是不可以想象的。即使如数学这样纯粹冷冰冰的学科，也会在教师的讲解中渗透着个人的情感与价值因素。

教育学究竟有没有无立场的部分？肯定是有的。就是当我们要弄清教育真相的时候，就尊重一个事件发生的过程的时候，要尊重真相，注重描述的客观性，弄清教育的"实然"状态就很有必要。这个"尊重真相"与"弄清实然"状态，并不是说你一定要负责把事件的全部真实细节都弄清，有时，事件的真相本身是难以完全彻底弄清的。因为事件本身的复杂性，还有观察与调查的人的视角、方法、能力及调查所使用工具的性质，都无形中影响到揭示真相的程度与能力。这些经过努力仍然无法克服的缺陷并不是没有客观立场的过错，我们能够做到的"无立场"就是一个观察者与调查者尽量"诚实"地把自己的所见所闻表达出来。这个"诚实"就是你看到了什么就说什么，你测量到了什么，就表达什么。也许你可能是看花了眼，也许你可能测量有误，但是"诚实"地表达自己的见闻与测量结果就是"无立场"的。

这里值得借鉴一下医院检查所使用的专业术语："透视肺部未见异常。"这句话表达了什么意思呢？为什么它不表达成为"经检查，你没有肺病"这样的结论呢？这里有几点是需要仔细考虑的。这句话表明的内涵有：第一，这次透视，没有发现你肺部的异常现象；第二，是某医生在透视你的肺部；第三，是某台 X 光透视镜的透视结果；第四，是某个时间点上的透视；第五，这些环节都是可能出错的。因此，当你从医院里拿到一张体检表上写着"透视肺部未见异常"时，并不代表你的肺部一定就没有病变。如果此时再加上你自己肺部真的从来都没有感觉异常，那么对这个结果应该是大致可以信任的。如果此时你的肺部感觉呼吸困难，隐隐作痛，对这个检查结果，就不可以盲目相信。机器检查是最客观的，但是，也不能够完全代替被检查者的直觉与感觉。

"无立场"的教育研究本身并不是目的，我们之所以要客观地还原事实、尊重事实的目的，是要使人们看到事实的真相，摸清需要改革的地方，以及如何来应对这个改革。最终目的还在于改进一个事实，或者说是对事实的现状不满意，而"改进"则一定是有目标与方向的。从哪个方向改为"进"？从哪个方向走又为"退"？这个时候要想回避一个价值取向问题是不可能的。可以这样说，如果没有了价值取向，则"教育改革"就没有必要，提"教育改革"也毫无意义。教育现状的好与坏，先进与落后，也无法判定。弄清事实与真相，尊重事实与真相是一切研究的前提。如果事实不清，真相不明，则所有的研究，与建立在这个基础上的"改革"研究都是伪研究，与胡编乱造没有什么不同。但是，也不能为了弄清事实而弄清事实。弄清事实只是一个基础与前提，倘若没有后面的目标作为指引，则连"事实"也不会寻找到，甚至不知道怎么去寻找。比如"一个教师打学生致伤致残"，一定是要探讨师生关系与师生冲突的原因，以及今后怎样杜绝这样的事件再次发生，弄清这个案例才有意义。任何"事实"都需要相关的研究问题来引导。你有什么教育问题，你才能够去弄清什么事实。没有问题的"无立场"教育学，就犹如一个天文学家把星空指给人们说："喏，宇宙中所有的秘密都在这里了。"这样说，当然是客观的，也是无价值立场的，但是这样做毫无意义。实际上，追求客观是不能够取代你的有立场、有价值取向的研究的。

如果你不是一个垄断了一切话语霸权的人物，也不准备用权威

来代替研究，那么，你带有价值偏向与问题预设的研究，并不会伤害研究的客观性。只要呈现的是一个众说纷纭、流派多多的学术生态，你带有明显价值偏向甚至明显错误的研究，也将是对学术研究的一个贡献。至少你谨慎而深刻研究中的错误，也为别人提供了一个纠正与重新发现事实真相的契机。不指望自己的研究能够一统天下，只希望各家流派自由充分地表达，错误最终会消除在这个流动的研究过程中。

(2008 年 6 月 7 日)

第四编　守望学术研究的良知

为什么有必要开设"批判阅读课"？
——读龙应台《一张考卷》

　　龙应台是一个坚决主张要让学生学会怀疑的学者。人在信一些什么的时候，还要学会不信一些什么，而且唯有从不信始，才可能以真信终。但是，我们的教育一直都是在让学生信什么，而不是让他们学会怀疑与批判。怀疑与批判为什么重要？因为有了怀疑与批判，才不会被愚昧的宣传所蒙蔽，才不会显得太偏执，才可能会显示出自己作为一个人的主体性，也才能担当起作为一个合格公民的社会责任。甚至作为一个具有创造能力的人，质疑与批判同样是不可缺少的。因为唯有如此，才可能会发现问题所在，才有可能做进一步改革。一个教育如果没有有意识地培养学生的批判精神与怀疑能力，是可怕的。

　　龙应台开设的那个"批判阅读课"确实值得我们的教育来借鉴。《甲申文化宣言》，那是一个什么样的文本？是由几十位著名华人学者共同起草，反复琢磨推敲的产物。在许多一流智慧的头脑看来几乎都是无懈可击的。但是，在龙应台巧妙设计的两个不同的问答试卷之下，学生逐步恍然醒悟过来。原来这样的东西也不是完全无懈

可击的，甚至在回答完龙应台先生设计的问题后才感觉到这个所谓的权威人士倡导与起草且反复修改的宣言，原来竟然是如此地经不起推敲，并且简直是漏洞百出。龙应台先生的《一张试卷》真是一个非常经典的教案。龙应台真是狠狠地抓住了那些表面逻辑严密且有世界高度，实际上漏洞百出，完全经不住推敲的宣言结论，脱去遮羞布，就洞见了破裤裆里的虱子。这就是批判的力量，它能够把遮蔽得严严实实，甚至可以说是密不透风的东西，完全揭示出其骨子里的东西来。

什么东西就怕追问，要经得住逻辑力量的推敲。表面看来没有什么问题，但是仔细一推敲才发现问题太大了。什么东西都要经得住现实世界的检验。龙应台把几个世界性文明冲突的大事拿出来一对照，就发现这个宣言，表面睿智、深刻、全面，其实骨子里矛盾百出，似是而非。说得那么好听的东西，一落实到现实中来，就暴露了它的虚伪性与空洞性。我们的教育到现在仍然只是一味用各种办法在剥夺孩子的思考能力，而且所有的思考几乎都是用来琢磨权威的意图，或者在琢磨着出试卷人的意思，然后聪明者悟出来，就投其所好，因此就成了所谓的"优秀学生"。但是，正是这样的"优秀学生"，促成了一个民族的文化荒漠及无数历史悲剧。

其实，一个民主法制健全的社会里，对公民的素质要求就必然包含了要有批判性思维。因为如果没有这个思维，你就无法参政议政，参与到公共事务的建设中去，也无法利用法律来捍卫自己的利益，还不能够担负起相应的社会责任与应尽的义务，只能变成毫无思考能力，只会盲目服从的臣民，而不是能够独立思考与独立担当社会职责的公民。"盲从"与"迷信"是公民素质中最大的忌讳，而缺乏批判能力与批判精神，迟早是要走到"盲从"与"迷信"中去的。但是，我们的传统文化正是要想方设法让孩子"盲从"与"迷信"。从简单的服从到驯服，从相信到迷信，就是这样一代一代走过来的，而且代代相传。从孔子开始他就不喜欢那些敢于并且善于质疑问难的学生，对他们常常开口便骂，动手就打，什么"朽木不可雕也，粪土之墙不可圬也""小人哉"之类就是用来对付那些敢问敢挑战孔子权威的学生的。反之就像颜回那样善于讲老师的好话的学生，总是受到各种表扬。这也就是后来中国教育的基本的底色，至今仍然难有什么改变。

学生仅有阅读课是不够的，仅能够体会出微言大义是不行的。几乎所有的儒家学者都不喜欢他的学生学会质疑问难。他们最喜欢的就是盲从与迷信权威的学生。徐复观当年去见熊十力先生，拜见他希望给予指导。但是，当徐复观先生提出某本书中的缺点时，熊十力先生十分不高兴，甚至对他破口大骂，要他先吸收好的，而不是去挑一本书的毛病。这背后其实就是一个扼杀人的批判性思维的过程。思维中最可贵的品质就是批判的品质，但是，在这里只有接受才是最重要的，服从与迷信才是最重要的。唯有如此，才会飞黄腾达，才会有机会继承衣钵，以成大业。中国数千年来没有什么思想文化上的贡献，与此类的文化教育传统是有密切关系的。在中国文化背景中学会批判思维的人，能够有独到发现的人，常常命运多舛；相反唯唯诺诺，唯命是从，毫无主见的人，反而常常鸡犬升天。

中国毕竟还有龙应台这样的人，她是饱蘸西洋文化精华，同时对自己的传统文化又有刻骨铭心的体验的学者，是一个横跨中西的一个极优秀的学者。她太清楚我们这个民族与教育的弊病所在了。好在世界并不是单一地走下去，一直走到黑，总有云开日出的时候。我们的教育现在就是要主动迎接这样一个开放时代的到来。教育要重新回归到让学生学会批判与质疑，那是一个沉重的任务，也是一个极艰巨的过程。我们这个民族曾经对批判与怀疑作出了多大的误

解啊。现在回归批判与怀疑，我想这才是中华民族教育的希望，也是这个民族的希望所在。我们这样期望着这个民族的发展，并非是要复兴什么，而是要摆脱一种愚顽状态。

（2007 年 12 月 26 日）

第四编　守望学术研究的良知

批判，一种高级的学习方式

　　教育界某"权威"人士曾撰文说：要多学习，少批判。在这里"批判"与"学习"竟然成了一对反义词。我想起"文革"时，在余秋雨先生主笔下，上海出版了一份理论刊物，就叫《学习与批判》。慢慢地"批判"之义，在中国变成了"批斗""判决"，大有将不同意见者打倒在地，再踏上一脚，让其永世不得翻身的意思。甚至翻开 1989 年出版的《辞海》关于"批判"一词的解释，仍然是"揭批"，也就是"揭发与批倒"的意思。

　　批判其实是学习与创造的基本形式。所谓批判，无非是用事实、逻辑及价值观，对某种现象、某个判断，用自己的眼光与大脑重新梳理与检验，作出判断。遇到说得好的东西，则指明好在何处；遇到说得有偏差的，则指明错在哪里。如果是逻辑不通，则用更通的逻辑来说一次；如果是与基本事实不符，则展示基本事实；如果是价值立场出现问题，则标明自己的价值，并阐明要害。这个过程就是批判的过程。可以说，没有批判就没有真正的学习。因此，所谓的"多学习，少批判"纯粹是无稽之谈，在误解批判的内涵时，也歪曲了"学习"的真正意义。

学习与批判的一致性就在于，他们都是生命个体对某个问题重新思考、重新分析的过程。对这个问题，每个人都会有一个基本的判断，而且这个判断都会受到自身知识结构、学术视野、价值立场、思维习惯、生命状态及意识形态的影响。所以每个人的思考与判断都不会完全相同。没有思考分析，就不存在深层次的学习。一个人只有经过批判，才能更深入地求索这个问题的内核。

一般意义上的"学习"与"批判"这两个词，还有些细小的差别。一般来说，"学习"主要是从肯定的角度来接纳新知新论，而"批判"则是从否定的角度来推敲、质询可能出现错误的环节。显然，后者需要学习者自身具备更广博精深的知识、更严密合理的逻辑，以及更高的思维素养。试想，当我们需要找出某个观点的漏洞与毛病，自然要对这个观点所涉及的信息做细致而深刻的研究；当我们需要超越这个观点的时候，我们就不得不尝试更高级的创新。因此，批判常常能激发生命个体的求知欲和创造性。所以，如果广义的学习就包含了批判，那么批判就是最好的学习方式。

其实苏格拉底的对话就是最典型的批判：大家平等自由地进行对话，你有你的观点，我也有我的观点，不妨拿出来探讨探讨。每个人都有权为自己的观点辩护，其他人则可以指出对方的错误，可以是事实层面的、逻辑层面的，也可以是价值层面的。最终未必取得共识，甚至辩论的结果可能是双方更坚信自己观点的正确，但经过论辩交流，却能很好地推动双方调整视角，理顺思路，深入思考。继续深化批判，还可能形成不同的思想流派，以各自的方式进行思想集团式的思想交锋，从而促使精神世界丰富、多元，呈现出一片五彩缤纷的态势。真正的思想大师的诞生都离不开这样观点的碰撞和精神博弈。当年罗素还利用其声望和经济上的优势来援助自己的

"论敌"出版著作。在他看来，只有思想上的真正对手，才是最了解自己思想的人。他甚至说，他死后的"悼词"宁愿让高明的论敌来写，也不愿意让平庸的朋友来写。爱因斯坦与玻尔之间关于量子力学的辩论一直持续到生命终点，但同样持续到生命终点的还有他们的友谊。除了胸襟宽广的人格因素外，更多的或许是他们懂得批判更有助于自身专业生命的成长吧！

　　英国科学哲学大师、著名思想家卡尔·波普尔将科学发展的过程看成是一个批判的过程。他的论著《猜想与反驳》表明，证伪比证实更能够说明问题。发现对方思想理论错误的过程，才是最好的学习过程。思想理论的进步，就是不同思想观点之间互相博弈、相互推动的过程。你的观点是否正确，有无价值，需要通过批判来鉴定、辨别、论证。当然，被批判者也可进行反击和论战。一来一往，真正的学术才会有进步，真理之路才会不断向更深处延展。

　　当然，批判尤须遵守"游戏规则"，重事实讲逻辑，最忌人身攻击、撒泼耍赖。像孔子与孟子动辄骂人"朽木""禽兽"，既无事实证据，又乏逻辑过程，更与观点推敲、真理追索毫无关联，这叫"泼妇骂街"，无关"批判"。

（2007 年 10 月 3 日）

过 一种简单而健康的生活

　　对于一个以读书、教书为生的人来说，过一种简单而健康的生活实在是再适宜不过了。这其实是生活的一种境界。正如大隐于市一样，过这样的生活是需要充实的精神与丰富的思想观念来做准备的。当年外国的传教士们能够去"不毛之地"传教，靠的就是这样的思想与精神财富的支撑。国外把这种生活叫做"LIVESIMPLY"，就是生活得简单的意思。人如果不为物质发愁，也不为物质所累，应该就叫"LIVESIMPLY"了。生活得简单并不等于生活得贫穷的意思。而是在能够满足自己所期望的物质条件的前提下，去追求有个性的生活，活出生活的情趣来。

　　每天一觉醒来，阳光照射到身上，第一件事就是去找一本书来，慢慢地走到洗手间里，翻开来细细地阅读与品味，体会智慧人生的快乐。这就是一种简单而健康的生活。随便吃点什么，只要能够保证身体的营养，然后有足够的时间与精力及心情来做自己喜欢做的事。这就是一种生活的意境。精神上的充实与并不贫乏的物质其实是相得益彰的。人对物质的需求其实很简单。许多时候，人们拼命

地占有物质，其实也还是为了填补精神上的空虚。古希腊的苏格拉底有一次去市场上逛，看见满街琳琅满目的奢侈品，惊呼道："我不想要的物品在这个世界上竟然如此之多。"人很多时候的占有欲望，往往是忘记了人生的有限性及生命的独特个性，也忘记了人的生命特征是人的思想与智慧。我怀疑西方国家的资本家拼命挣钱的目的，也还是要证明自己的能力与作用，而不是仅仅是为了自己肉身的满足。

我们中国人的人生一大乐趣就在于"吃"。但是我总怀疑这样的恶吃后面就是精神上的异常空虚。一个精神贫乏的国度，其实物质也不会发达到哪里去。从发达的西方国家回来的中国人普遍觉得外国有很丰富的物质，却并不懂得如何来消费这些物质。比如日本人的吃，也是非常简单的。常听说他们并不是那么特别注重吃，而且听说日本人的饭食供应故意只让人吃上七成饱，以便给精神留有更多的空间。可恨的日本人，学了那么久的中国文化，却没有把中国人吃的文化学习到位，竟然去学习西方人那样简单而朴实的生活了。但是，在我们这里如果在外面的年头久了，不弄一辆靓车，再弄一个带"长"字的头衔回家，就有点无颜见江东父老的味道。如果这些都有了，就有一种衣锦还乡的快感。所以简单而健康的生活在我们这个国度里是没有尊严的生活。社会文化的气氛强迫你难以去过这样简单而健康的生活。在我们这个国度里经常看见有"健康"二字的地方，而实际上往往是不健康的地方，比如，在广州的街头如果看见远远有"健康中心"字样，那往往不是什么真正健康的地方。如果再加上简单，人们很容易就想到那一定是非常贫穷的意思。大家似乎都在追求一种阔绰的感觉，一种一夜暴富后的不可一世的样子，却不知道世界的广阔与宏大。胡适当年谈到日本人的生活时说：

"日本人的勤苦真不可及！到了晚上登高一望，家家板屋里都是灯光；灯光之下，不是少年人跳着读书，便是老人跪着翻书，或者是老妇人跪着做活计。到了天明，满街上，满电车上都是上学去的儿童。"（胡适著，《漫游的感想》，《胡适文存》第三集，黄山书社出版，1996 年 12 月版，第 36 页）

　　看看日本人 100 年前的生活样子，而不用看今天的日本，我们应该就知道我们现在与日本还有多少差距。

　　鲁迅先生当年是这样描述中国孩子所受到的教养的：

　　"穷人的孩子，蓬头垢面在街上转，阔人的孩子，妖形妖势，娇声娇气的在家里转，转大了，都昏天黑地的在社会转，同他们的父亲一样，或者还不如。"

　　这样的生活距离现在的中国也已经快 100 年了，可是 100 年来又有什么改变呢？看到那些富了之后的暴发户可以随意地冲进学校里对老师们拳打脚踢；那些花一些钱就以为有资本把老师当成农奴的暴发户，他们的孩子与鲁迅先生当年描述的又有什么不同呢？仍然是娇声娇气地在家里转而已，而穷人的孩子却如宁夏的马燕日记中写的那样：

　　"今年我上不起学了，我回来种田，供养弟弟上学，我一想起校园的欢笑声，就像在学校读书一样。我多么想读书啊！可是我家没钱。"

如果我们这个社会有丰富而充实的精神生活，怎么会活出这样的尴尬局面呢？提倡过一种简单而健康的生活，追求一种精神的境界，并不是要强迫所有的人都过同一种生活，而是要给过这样生活的人一种宽容的社会环境。希望我们这个社会学会多种生活诉求，学会宽容地看待多元的生活方式。

（2006 年 3 月 20 日）

追寻教育的真谛
——许锡良教育思考录

《名师工程》系列丛书

征 稿 启 事

《名师工程》系列丛书是西南师范大学出版社策划、组织出版的大型系列教育丛书。丛书以新课程下的新教学为背景，以促进施教者的教育能力为落脚点，以提高教育质量、提升教师水平为宗旨。

丛书首批推出的"名师讲述""教学提升""教学新突破""高中新课程""教师成长""大师讲坛""教育细节""创新语文教学""教育管理力""教师修炼""创新数学教学""教育通识""教育心理""创新课堂""思想者""名师名课"等系列，共90余个品种，其余系列也将陆续出版。为了让广大教师有一个交流、借鉴的机会，同时也为了给广大教师提供更多、更好的图书，《名师工程》系列丛书编辑出版委员会特向全国教育工作者征集稿件。

稿件要求：

1.主题鲜明、新颖，有独创性。

2.主题以提升教育能力为主，也可适当外延。

3.主题要有一定规模、有典型案例支撑。

4.案例要贴近教育实际，操作性强。

5.文章、书稿结构清晰，语言精彩。

书稿作者在选题确定之后，请及时与我们做好沟通，具体事宜确定好之后再进行创作；也欢迎用已经完稿的稿件投稿。一线教师如希望参与图书案例的创作，可联系我社策划机构，由策划机构备案，在适合的图书中参与创作。

真诚欢迎各位教师踊跃投稿。

联系方式：

西南师范大学出版社高教分社

电话：023-68254356　　　E-mail：zcj@swu.cn

西南师范大学出版社高教分社北京策划部

电话：010-68403096

E-mail：guodejun1973@163.com

西南师范大学出版社
《名师工程》系列丛书目录

系列	序号	书　　名	主编	定价
教师成长系列	1	《做会研究的教师》	姚小明	30.00
	2	《学学名师那些事》	孙志毅	30.00
	3	《给新教师的建议》	李镇西	30.00
	4	《教师心灵读本：成为有思想的教师》	肖　川	30.00
	5	《教师心灵读本：教师，做反思的实践者》	肖　川	30.00
名校系列	6	《让每个生命都精彩——生命教育校本实践策略》	王鹏飞	30.00
	7	《好学校，从关注每个学生开始 ——石梅小学优质教育多元感悟》	顾　泳　张文质	30.00
创新语文教学系列	8	《曹洪彪新概念快速作文》	曹洪彪	30.00
	9	《小学语文：享受对话教学》	孙建锋	30.00
	10	《小学语文：名师教学目标落实艺术》	刘海涛　王林发	30.00
	11	《小学语文：名师魅力教学设计艺术》	刘海涛　王林发	30.00
	12	《小学语文：名师魅力课堂激趣艺术》	刘海涛　豆海湛	30.00
	13	《小学语文：单元整体教学构建艺术》	李怀源	30.00
	14	《小学作文：名师情趣课堂创设艺术》	张化万	30.00
思想者系列	15	《心根课堂——让教育随学生心灵起舞》	刘云生	30.00
	16	《做一个纯粹的教师》	许丽芬	26.00
	17	《率性教书》	夏　昆	26.00
	18	《为爱教书》	马一舜	26.00
	19	《课堂，诗意还在》	赵赵（赵克芳）	26.00
	20	《今日教育之民间立场》	子虚（扈永进）	30.00
	21	《教育，细节的深度反思》	许传利	30.00
	22	《追寻教育的真谛——许锡良教育思考录》	许锡良	30.00
创新课堂系列	23	《个性化课堂教学艺术：小学语文》	商德远	30.00
	24	《如何实现三维目标——让学生与文本共鸣的诵读教学》	张连元	30.00
	25	《想说　会说　有话可说——突破作文瓶颈的三维教学法》	杨和平	30.00
	26	《综合课的整合创新教学》	周辉兵	30.00
	27	《如何打造学生喜欢的音乐课堂》	张　娟	30.00
	28	《理想课堂的构建与实施——一个教研员眼中的理想课堂》	张玉彬	30.00
	29	《小学语文：决定教学质量的关键策略》	李　楠	30.00
	30	《用〈论语〉思想提升数学教育智慧》	胡爱民	30.00
	31	《童化作文——浸润儿童心灵的作文教学》	吴　勇	30.00
高效课堂系列	32	《用什么提高课堂效率——有效数学课必须关注的10大要素》	赵红婷	30.00
	33	《让作文更轻松——小学作文高效教学36锦囊》	李素环	30.00
	34	《让研究性学习更高效——研究性学习施教指导策略》	欧阳仁宣	30.00
	35	《让母语融入学生心灵——提升学生语文素养的高效施教艺术》	黄桂林	30.00
班主任专业化系列	36	《神奇的教育场——打造特色班级文化创新艺术》	李德善	30.00

系列	序号	书　　名	主编	定价
优化教学系列	37	《让教学更生动——激发兴趣让学生快乐认知》	朱良才	30.00
	38	《让教学更高效——策略创新让教学事半功倍》	孙朝仁	30.00
	39	《让教学更开放——拓展延伸让学生触类旁通》	焦祖卿　吕　勤	30.00
	40	《让教学更生活——体验运用让学生内化知识》	强光峰	30.00
	41	《让知识更系统——整合与概括让学生建构体系》	杨向谊	30.00
	42	《让思维更创新——思辨与发散让学生思维活跃》	朱良才	30.00
教研提升系列	43	《教师怎样做小课题研究——高效助力教师专业化成长》	徐世贵　刘恒贺	30.00
	44	《今天我们应怎样评课》	张文质　陈海滨	30.00
	45	《今天我们应怎样进行教学反思》	张文质　刘永席	30.00
	46	《一节好课需要的教育智慧》	张文质　姚春杰	30.00
名校长核心思想系列	47	《做一个智慧的校长》	孙世杰	30.00
	48	《成为有思想的校长》	赵艳然	30.00
幼师提升系列	49	《全国优秀幼儿健康教育活动课例评析》	教育部教育管理信息中心	30.00
	50	《全国优秀幼儿艺术教育活动课例评析》	教育部教育管理信息中心	30.00
	51	《全国优秀幼儿社会教育活动课例评析》	教育部教育管理信息中心	30.00
	52	《全国优秀幼儿语言教育活动课例评析》	教育部教育管理信息中心	30.00
	53	《全国优秀幼儿科学教育活动课例评析》	教育部教育管理信息中心	30.00
名师名课系列	54	《名师如何炼就名课》（美术卷）	李力加	35.00
教师修炼系列	55	《班主任工作行为八项修炼》	杨连山	30.00
	56	《教师心理健康六项修炼》	李慧生	30.00
	57	《教师专业化五项修炼》	杨连山　田福安	30.00
	58	《课堂教学素养五项修炼》	刘金生　霍克林	30.00
	59	《高效教学技能十项修炼》	欧阳芬　诸葛彪	30.00
	60	《教师新师德六项修炼》	王毓珣　王　颖	30.00
创新数学教学系列	61	《小学数学：名师教学目标落实艺术》	余文森	30.00
	62	《小学数学：名师高效教学设计艺术》	余文森	30.00
	63	《小学数学：名师易错问题针对教学》	余文森	30.00
	64	《小学数学：名师魅力课堂激趣艺术》	余文森	30.00
	65	《小学数学：名师同课异教》	林高明　陈燕香	30.00
	66	《小学数学：名师抽象问题艺术教学》	余文森	30.00
教育通识系列	67	《用心做教师——青年教师快速成长的十大定律》	王福强	30.00
	68	《做最受学生欢迎的老师》	赵馨　许俊仪	30.00
	69	《做有策略的校长——经典寓言与学校管理智慧》	宋运来	30.00
	70	《做有策略的教师——经典故事中的教育启示》	孙志毅	30.00
	71	《从学生那里学教书》	严育洪	30.00
	72	《突破平庸——提升教育质量的31个跳板》	严育洪	30.00
	73	《教育，诗意地栖居》	朱华忠	30.00
	74	《好班规打造好班级》	赵凯	30.00
	75	《做学生成长的引领者——学生终身成长的素质培养》	田祥珍	30.00
	76	《如何管出好班级——突破班级管理的四大瓶颈》	刘令军	30.00
	77	《青春期性教育教师实用手册》	闵乐夫	30.00

系列	序号	书　　名	主编	定价
教育细节系列	78	《名师最具渲染力的口才细节》	高万祥	30.00
	79	《名师最有效的沟通细节》	李　燕　徐　波	30.00
	80	《名师最有效的激励细节》	张　利　李　波	30.00
	81	《名师培养学生好习惯的高效细节》	李文娟　郭香萍	30.00
	82	《名师人格教育的经典细节》	齐　欣	30.00
	83	《名师营造课堂氛围的经典细节》	高　帆　李秀华	30.00
	84	《名师最有效的赏识教育细节》	李慧军	30.00
	85	《名师最有效的批评细节》	沈　旈	30.00
教育管理力系列	86	《名校激励管理促进力》	周　兵	30.00
	87	《名校安全管理执行力》	袁先澂	30.00
	88	《名校师资团队建设力》	赵圣华	30.00
	89	《名校危机管理应对力》	李明汉	30.00
	90	《名校校本研究创新力》	李春华	30.00
	91	《学校文化力建设策略》	袁先澂	30.00
	92	《名校长核心教育力》	陶继新	30.00
	93	《名校长高绩效领导力》	周辉兵	30.00
	94	《名校行政管理细节力》	杨少春	30.00
	95	《名校教学管理提升力》	张　韬　戴诗银	30.00
	96	《名校学生管理教导力》	田福安	30.00
	97	《名校校园文化构建力》	岳春峰	30.00
教育心理系列	98	《做最好的心理导师——中学生心理健康咨询手册》	杨　东	30.00
	99	《每天学点教育心理学》	石国兴　白晋荣	30.00
	100	《学生心理拓展训练与指导》	徐岳敏	30.00
	101	《好心态成就好学生——学生心理问题剖析与对症教育》	李韦遴	30.00
大师讲坛系列	102	《大师谈教育心理》	肖　川	30.00
	103	《大师谈教育激励》	肖　川	30.00
	104	《大师谈教育沟通》	王斌兴　吴杰明	30.00
	105	《大师谈启蒙教育》	周　宏	30.00
	106	《大师谈教育管理》	樊　雁	30.00
	107	《大师谈儿童人格塑造》	齐　欣	30.00
	108	《大师谈儿童习惯培养》	唐西胜	30.00
	109	《大师谈儿童能力培养》	张启福	30.00
	110	《大师谈早恋与性教育》	闵乐夫	30.00
	111	《大师谈儿童情感教育》	张光林　张　静	30.00
高中新课程系列	112	《高中新课程：教师角色转变细节》	缪水娟	30.00
	113	《高中新课程：班主任新兵法细节》	李国汉　杨连山	30.00
	114	《高中新课程：教学管理创新细节》	陈　文	30.00
	115	《高中新课程：更有效的评价细节》	李淑华	30.00
教学新突破系列	116	《把教学目标落实到位——名师优质课堂的效率管理》	冯增俊	30.00
	117	《拿什么调动学生——名师生态课堂的情绪管理》	胡　涛	30.00
	118	《零距离施教——名师和谐师生关系的构建艺术》	贺　斌	30.00
	119	《一个都不能落——名师提升学困生的针对教学》	侯一波	30.00
	120	《让学习变得更轻松——名师最能吸引学生的情境设计》	施建平	30.00
	121	《让知识变得更易学——名师改造难学知识的优化艺术》	周维强	30.00

系列	序号	书　　　　名	主编	定价
教学提升系列	122	《方法总比问题多——名师转变棘手学生的施教艺术》	杨志军	30.00
	123	《用特色吸引学生——名师最受欢迎的特色教学艺术》	卞金祥	30.00
	124	《让学生爱上课堂——名师高效课堂的引导艺术》	邓　涛	30.00
	125	《拿什么打开思路——名师最吸引学生的课堂切入点》	马友文	30.00
	126	《没有记不牢的知识——名师最能提升学生记忆效果的秘诀》	谢定兰	30.00
	127	《让学生的思维活起来——名师最激发潜能的课堂提问艺术》	严永金	30.00
名师讲述系列	128	《施教先施爱——名师讲述班主任的核心教导力》	杨连山　魏永田	30.00
	129	《在欢乐中成长——名师讲述最具活力的课堂愉快教学》	王斌兴	30.00
	130	《让学生做自己的老师 ——名师讲述如何提升学生自主学习能力》	徐学福　房　慧	30.00
	131	《引领学生高效学习 ——名师讲述如何提高学生课堂学习效率》	刘世斌	30.00
	132	《教育从心灵开始——名师讲述最能感动学生的心灵教育》	张文质	30.00